销冠之路

企业成功的核心

业绩倍增的诀窍

商波 吴静莉 ◎ 编著

新疆文化出版社

图书在版编目（CIP）数据

销冠之路：业绩倍增的诀窍 / 商波，吴静莉编著.
乌鲁木齐：新疆文化出版社，2025.4. -- ISBN 978-7
-5694-4924-2

Ⅰ.F713.3

中国国家版本馆CIP数据核字第2025HQ2189号

销冠之路：业绩倍增的诀窍

编　著 / 商波　吴静莉

策　划	张　翼	封面设计	天下书装
责任编辑	祝安静	责任印制	铁　宇
版式设计	摆渡者文化		

出版发行	新疆文化出版社有限责任公司
地　　址	乌鲁木齐市沙依巴克区克拉玛依西街1100号（邮编：830091）
印　　刷	三河市嵩川印刷有限公司
开　　本	640mm×910mm　1/16
印　　张	8
字　　数	130千字
版　　次	2025年4月第1版
印　　次	2025年4月第1次印刷
书　　号	ISBN 978-7-5694-4924-2
定　　价	59.00元

版权所有　侵权必究

本书如有印装质量问题，可直接向本社调换，服务电话：0991-3773954

前言

销售，不仅是推动企业盈利的动力，更是企业成功的核心。在众多品牌和产品中，怎样才能迅速脱颖而出，实现业绩的飞跃？这不仅是每个销售人员面临的挑战，也是每个企业家追求的目标。

本书《销冠之路：业绩倍增的诀窍》正是为了解决这一问题，它将带你深入了解销售的艺术与科学，揭示如何通过有效的策略和实用的技巧，在竞争激烈的市场中获得优势。无论你是销售新手，还是经验丰富的销售老手，这里都将为你提供切实可行的建议。

书中，我们将探索与销售有关的关键主题，包括客户心理、沟通技巧、处理异议的方法以及售后服务的价值。通过真实案例的分享，帮助你理解如何在实际销售中运用这些理论，以实现更高的业绩目标。你将学会如何把客户的反对意见转化为成交的机会，如何通过建立信任来增强客户的忠诚度，以及如何利用微表情和肢体语言传递自信和专业态度。

同时，本书将探讨现代销售中，不可忽视的售后服务的重要性。优秀的售后不仅能提升客户满意度，更能成为新的销售起点。一个良好的客户关系，可以为你带来源源不断的新客户与商机。

目 录

第一章
语言篇——赞美不是"吹捧"

第一节　用赞美卖掉你的产品……………………………002
第二节　真实有理的赞美更打动人…………………………007
第三节　别太老套，赞美也要有点新意……………………011
第四节　赞美有可能被误解成"讽刺"………………………015

第二章
行为篇——发现客户需求

第一节　问对问题，听出客户的需求………………………022
第二节　卖的不只是产品，而是解决方案…………………026
第三节　抓住直播带货的精髓………………………………030
第四节　直播带货时要尊重观众……………………………034

第三章
信任篇——如何建立信任

第一节　真诚是最好的销售工具……………………………040

第二节　专业知识让客户对你放心……………………………045

第三节　规避直播带货的陌生感………………………………049

第四节　信任危机的挽救措施…………………………………053

第四章
心理篇——不买就是吃亏

第一节　机会不等人，帮客户做决定…………………………060

第二节　稀缺感让客户觉得产品更有价值……………………065

第三节　不买可能会后悔，怎么说合适？……………………069

第四节　打消客户退货的想法…………………………………074

第五章
表情篇——读懂微表情

第一节　眼神交流是最直接的信任信号………………………082

第二节　通过肢体语言展示自信………………………………086

第三节　一个真诚的微笑胜过千言万语………………………091

第四节　用"生气"肯定你的产品质量………………………096

第六章

售后篇——售后是新的开始

第一节 销售的结束是关系的开始……………………102

第二节 直播带货的售后维护……………………………106

第三节 用客户的好评为你带来新客户…………………111

第四节 销售的真谛是"服务"…………………………115

第一章
语言篇——赞美不是"吹捧"

在销售的世界里，语言的力量不容小觑。每一个字、每一句话，都能深刻影响客户的决策和情感。尤其是在建立良好关系与信任的过程中，赞美的艺术成为了销售人员不可或缺的武器。然而，许多人常常将赞美与"吹捧"混为一谈，认为赞美只是一种空洞的恭维，实则不然。

如何有效运用赞美来增强与客户的关系，促进销售，而不是让客户感到虚伪或被操控。我们将揭示赞美的真正意义，它应建立在对产品、服务和客户本身的真实理解与认可之上。通过真诚的赞美，销售人员能够有效地提升客户的信任感，从而开启销售的第一步。

此外，我们还将讨论赞美的界限，教你如何避免陷入过度奉承的误区。赞美不仅仅是简单的夸奖，更是对客户需求的敏锐洞察与理解，是一种语言的巧妙运用。学会如何用真诚的赞美打开客户的心扉，为销售的成功奠定坚实的基础。在这个过程中，你会发现，真正的赞美并不是"吹捧"，而是构建良好关系与信任的桥梁。

第一节　用赞美卖掉你的产品

在销售中，赞美是开启客户心门的一把钥匙。它看似简单，但用得好，能够让本来紧闭的客户大门瞬间敞开，让你顺利走进去。不过，这把"赞美"的钥匙必须是真诚且恰到好处的，绝不能随便使用，敷衍了事。否则，非但进不去，客户还可能把门关得更紧，甚至从此对你关上所有窗口。

为什么赞美有效？

赞美并不是一味地滥用赞美词，而是要讲求策略和分寸。赞美用得好，不仅可以让客户心情愉快，更重要的是让他们觉得你懂他们、关注他们，从而更加信任你。

在上海，有一家著名的房地产销售公司，他们的销售冠军小王一直是团队中的传奇人物。她的销售秘诀之一，就是善于用赞美快速拉近与客户的关系。小王的故事也许能够帮助我们，更好地理解如何通过赞美敲开客户的心门。

有一天，小王接待了一位来自北京的客户刘先生，这位客户穿着十分考究，显然是一位成功的企业家。他对于看房表现出一种居高临下的态度，似乎觉得自己已经见过了所有高端楼盘，对这些房子并没有太大兴趣。对于这样冷淡的客户，许多销售可能会感到棘手，但小王很快发现了切入点。

"刘先生，您今天穿的这件西装真是特别！面料和剪裁都很精致，显得您特别精神和有气质。"小王并没有夸张或过度吹捧，而是精准地捕捉到了客户的亮点——他引以为傲的外表和品位。

刘先生一听，脸上露出了笑容，"是吗？这可是我从意大利定制的，花了不少心思。"

小王顺势而上："看得出来，您对品质的追求很高，我们今天要看的这套房子，正好和您的品味不谋而合，都是精工打造的精品楼盘。"

通过这简单且真诚的一句赞美，小王瞬间让刘先生从冷漠变得有些兴奋起来。接下来的看房过程中，刘先生不再表现出不屑，反而开始主动询问房子的细节,并最终决定购买。

小王的赞美有三个特点,值得我们借鉴:

真实与细节并重:小王的赞美并非随便抛出一句"刘先生,您今天真帅啊!"这样简单的恭维,而是抓住了刘先生真正的亮点——他的西装和品味。这样带有细节的赞美,既显示了小王对客户的观察力,也让客户感到她的夸奖是真诚的。

赞美引出对产品的关联:小王并没有让赞美停留在客户的个人身上,而是巧妙地把它和推销的房子联系起来。通过这个过渡,刘先生对房子的兴趣也被激发了出来。她让客户觉得,自己不仅仅是来买房,还是在挑选与自己身份相称的高端产品。

赞美让客户感觉自己被重视:赞美是一种无形的力量,它能让客户瞬间觉得自己与众不同,自己得到了足够的关注和重视。而这种被重视的感觉,是所有人都难以抗拒的。

◆对不同客户的赞美策略

当然,赞美并不是"一刀切"的方法。不同的客户需要不同的赞美策略。比如面对外向活泼的客户,你可以稍微大胆一些,夸奖他们的活力与热情;而面对内敛谨慎的客户,赞美可以含蓄一些,更多地体现在对他们的专业知识或决策能力的认可上。

南方某知名汽车销售公司,销售员老李也有过一段经典的"赞美经验"。有一天他接待了一位三十出头的女客户,看上去是一位白领精英。老李的销售经验非常丰富,他一眼就看出这位客户对价格非常敏感,于是决定通过赞美她的理性和精打细算,来赢得信任。

"女士,您的眼光真是独到!这么多车型中,您一下子就挑中了这款性价比最高的,而且配置也非常符合您的需求。像您这样会算账的客户，买车肯定不会后悔！"

这句话抓住了客户的心思：她确实是个注重性价比的人，而老李的赞美不仅迎合了她的需求，还让她觉得自己非常聪明、有眼光。最终，这位女客户愉快地完成了购车。

老李的赞美策略非常明确：他不去夸客户的外貌或风格，而是通过赞美客户的理性决策来打消她的顾虑。这类赞美并不会显得虚伪，反而让客户更加信赖他的推荐。

有时候，客户并不需要过多的夸赞，简单的认同或赞美他们的决策能力、眼光、需求等，也能够达到事半功倍的效果。

当然，赞美的对象千差万别，对不同类型的客户，赞美的切入点也应有所不同。

外向型客户：对于那些性格开朗、爱说爱笑的客户，你可以稍微大胆一些，夸奖他们的活力、谈吐或幽默感。比如："张总，您真是整个会场里最有活力的人，和您聊天总让人觉得充满能量！"这样的赞美能够迅速打破冷场，拉近彼此的距离。

理性型客户：像那些的理性客户，夸他们的逻辑能力或专业知识往往更有效。比如："刘总，您对数据分析的理解让我觉得很受启发，您这样的专业背景非常少见。"这类客户不喜欢过于情感化的赞美，他们更倾向于接受与他们职业或能力相关的称赞。

保守型客户：有些客户性格内敛，对夸奖并不太接受。这时，可以通过间接的方式，比如表扬他们的公司、团队，甚至他们做出的决策。比如："您公司的产品在市场上非常有竞争力，能够和贵公司合作真是一种荣幸。"这种较为含蓄的赞美方式，能让保守型客户觉得自然舒适，而不会感到不适应。

赞美不是"吹捧"

尽管赞美是销售中非常有效的工具，但滥用或使用不当也会带来反效果。过度的、虚假的赞美只会让客户觉得你不真诚，甚至产生反感。

有一个经典的失败案例，发生在广州的一家高端服装店：

销售员小张接待了一位衣着朴素的中年女士，这位女士看起来对价格非常敏感，反复询问折扣信息。为了拉近关系，小张上前就夸："您气质真好，完全可以驾驭我们的高端时装。"

听起来没什么问题，但这句话却瞬间让客户皱起了眉头。因为这位女士很清楚自己当天的打扮，并不符合"高端时装"的气质。这样的不合时宜的赞美不仅没起到效果，反而让客户觉得销售员在敷衍她，最终她转身离开，再也没有回来。

从这个案例中可以看出，赞美必须建立在真实和合理的基础上。客户的自我认知和对赞美的接受程度息息相关，虚假或夸张的恭维只会适得其反。

当赞美能够与客户的实际情况相结合时，其效果往往会更加显著。比如，在汽车销售中，如果你夸奖客户对性能的敏锐判断，并通过试驾实际体验验证他们的选择，赞美就会显得更有说服力。

通过真实的赞美，结合产品和客户的需求，能够极大地增强销售的说服力，让客户感受到你对他们的关注和理解。

在销售中，赞美是打破陌生感、建立信任的利器。但这把"利器"要用得好，必须具备两个条件：真诚与精准。无论客户是什么类型，他们都能敏锐地察觉到赞美背后的态度。只有在真实的基础上，抓住客户的兴趣和需求，赞美才能发挥出最大效用。

第二节 真实有理的赞美更打动人

在销售过程中，赞美绝对是打开客户心扉的一把好钥匙。可是，赞美可不是空口白话的"吹捧"，而是要真实、有理、有据，才能够让客户打心底觉得"这人说得对"。那种油腔滑调、浮夸虚假的赞美，不仅不会让人心动，反而会让人觉得你在忽悠人。

真实有理的赞美如何产生共鸣？

真实有理的赞美才能打动人心，顺利促进销售成交。我们先来看看一个详细案例：

王先生是一位定制西服店的销售顾问，面对的是一位挑剔的客户——李总。李总是某知名企业的高管，每天忙于工作，对于自己穿什么并不太在意，但这一次，他被公司安排主持年会，需要一套正式又能体现领导气质的西服。李总走进店里的时候，王先生敏锐地观察到，李总虽然表面随意，但其气质中透露出一种自信与不苟言笑的严谨。他猜测，这位客户对西服的要求不会低。

王先生热情迎接了李总，并没有急着推销，而是很自然地开场："李总，您今天看上去气度非凡，这场年会一定是非同寻常的场合，能有幸为您挑选年会西装，是我们的荣幸。"这句话中的赞美，并没有直接浮夸地夸赞李总的外貌或者身材，而是结合了李总的身份与场合，将赞美与事实结合起来，既真诚又贴切。

听到这番话，李总的脸上露出一丝微笑，紧接着，王先生继续说："其实，像您这样气场强大的人，西装更要选择那种能够彰显您领导气质的款式。我们这里的定制西服，不仅合身，更能体现出您的个人风格和身份。这不是普通的衣服，而是您身份和气质的延伸。"这句话让李总的兴趣明显被提了起来。王先生通过真实有理的赞美，不仅让李总感受到尊重，还巧妙地将产品的特色与客户的需求连接起来。

最后，李总很快下单定制了一套西服，甚至还推荐了几位同事来店里。这一成功的销售，正是因为王先生的赞美真实有理，他没有过分夸大，而是结合了客户的实际需求和场合，用细腻的语言成功打动了客户。

那么，为什么像王先生这样的销售能够成功？归根结底，真实有理的赞美在于能够产生共鸣。这种共鸣源自于客户的自我认同。你所说的话，能恰如其分地反映客户对自己的看法，甚至比他自己说得更为准确和美好。换句话说，赞美不仅是为了讨好客户，而是要让客户感觉到："你看清了我，看懂了我。"

再举一个案例分析：

有一位汽车销售人员面对的是一位事业有成的女客户，准备购买一辆豪华SUV。这位销售员并没有夸张地说："这车特别适合你，开出去倍儿有面儿！"而是选择了一种更加有理有据的方式："女士，您的职业身份和生活方式，决定了您需要一辆既有气质又兼具实用性的车。像这款SUV，不仅外形大气时尚，内饰也极其讲究，尤其适合您这样既追求品质，又注重家庭的成功女性。"

这段话表面上看是对车的介绍，但实际上是对客户需求和身份的真实肯定。这种贴合客户实际情况的赞美，自然容易引发客户的好感与信任感。

如何让赞美"有理"又"有据"？

真实有理的赞美不仅能够促成销售，还能帮助你与客户建立长期的信任关系。就像定制西服的王先生，他不仅卖出了西服，还赢得了客户的信任，甚至带来了其他潜在客户。因为客户感受到的是一种尊重和关怀，这种感觉远远超过了产品本身。

再比如，一位美容顾问在面对一位挑剔的女性客户时，没有急于推销产品，而是先观察并赞美客户的气质："您本身的气质就非常出众，皮肤底子也很好，这款产品只需要稍微提升一下效果，绝对会让您的状态更年轻有活力。"这种带有针对性的赞美，让客户不仅觉得自己被理解，还认为购买这款产品是为自己锦上添花。最终，这位女性客户对这位美容顾问产生了信任，不仅购买了产品，还成为了她的长期客户。

结合案例分析之后，销售人员需要注意以下几点：

观察客户，捕捉细节

在对客户进行赞美之前，首先要学会观察，细致入微地了解客户的特点。你可以从客户的衣着、谈吐、气质、需求等方面去挖掘赞美的切入点。比如，客户可能穿着一身非常有品位的西装，或者拥有出色的沟通技巧。这些都是可以赞美的点，但关键在于，你的赞美必须是基于真实的观察，且与客户的特征相关。

结合产品特点，强化需求

在赞美客户时，不妨巧妙地将产品特点与客户需求相结合。这样不仅能够让客户感受到你的真诚，还能让他们自然地联想到产品的价值。比如，卖一款功能强大的智能手表时，面对一位忙碌的职场人士，你可以说："您的工作节奏快，追求效率，这款手表的健康监控和通知功能，特别适合您，既能提升效率，还能随时关注健康。"

不要夸大，实事求是

赞美如果过分夸大或显得虚假，就会失去它的效果。客户并不是听不出虚假的话语，他们对自己的情况往往有清晰的认知。所以，真实的赞美必须建立在事实的基础上，不要为了取悦客户而说些虚假的好话。适度的夸奖，加上合适的理由，才会显得真诚可信。

在销售过程中，赞美是打破僵局、拉近距离的有效方式，但前提是它必须真实、有理、有据。虚假的、过度的赞美只会让客户对你失去信任，而基于事实的赞美不仅能够让客户感到被关注和理解，还能有效地将产品与客户的需求结合起来，促成销售。要记住，赞美不是为了让客户开心一时，而是为了让客户心甘情愿地接受你的产品，并建立起长久的信任关系。这才是真正有价值的销售技巧。

第三节　别太老套，赞美也要有点新意

赞美可以增进人与人之间的关系，也可以激励对方。但如果你总是用"你真漂亮""你真棒"这样的套话，对方很快会感到无趣。要想赞美发挥应有的效果，还需要注入一些创意。

让赞美变得"新颖"

赞美不该是一成不变的套路，而应根据不同的人、场合和事件，精准且有趣地给予反馈。接下来，我们通过多个真实案例，探讨如何让赞美摆脱陈旧的框架，成为真正走心的表达。

案例一：某平台美食博主的意外惊喜

李小丽是一位某平台的美食博主，拥有数百万粉丝。她每天都在网上分享自己的烹饪心得，粉丝们的评论千篇一律，不是"你好美"，就是"这菜色看起来好好吃"，时间一长，她对这些夸奖已经免疫。有一次，她发布了一道自创的辣子鸡视频，刚刚发布，粉丝小王就留言道："小丽姐，您这道菜的辣度真是看着都能感觉到火山喷发！要是跟您学做饭，我家厨房得装灭火器吧？"

李小丽看完，哈哈大笑，立刻回复："小王，你这个想法太有趣了！不过放心，辣得爽，绝对不烧厨房！"

分析：这个赞美避开了老套的外表或菜色的赞美，而是巧妙地结合了博主的创意菜品，用幽默的方式夸赞了李小丽烹饪的"辣劲十足"。这种赞美不仅展现了对博主内容的用心观察，还通过独特的方式增强了互动性和趣味性，让李小丽感到耳目一新。

案例二：职场上的别样表扬

在一家广告公司，市场部刚刚完成了一场大型产品发布会。会议结束后，总经理李总对大家进行了总结表扬。他在夸奖文案策划小李时，没有简单地说"你这次表现得很棒"，而是笑着说："小李，你这次的文案我读了一遍就爱上了，就像读到一篇优秀小说的开头，不仅让人忍不住往下看，还把产品说得那么有感情，恨不得立马买一打！"

小李听后，瞬间脸上露出了开心的笑容："李总，您这夸奖真是别出心裁，我差点以为自己该去写小说了！"

分析：这个赞美之所以成功，是因为它不仅肯定了小李的工作成果，还用生动的比喻，把她的工作与一种高质量的阅读体验联系在一起，表达了李总对她文案写作能力的欣赏。通过这种新颖的方式，李总不仅让赞美显得更加走心，还巧妙地表达了对小李职业技能的高度认可。

案例三：饭店老板的趣味夸奖

赵先生是一位老顾客，常常光顾某家饭馆。每次去，他不仅点餐快，对饭菜的口味也有很高的要求。有一天，赵先生再次进店，刚坐下，老板就过来打招呼："赵先生，您每次来的时间都特别准时，简直比我们的菜还'火候'精准！今天我们厨房特地为您准备了一道限量版，您尝尝看。"

赵先生听后哈哈大笑："我倒要看看你这次的'火候'掌握得是不是恰到好处。"

分析：这段对话中，老板不仅注意到赵先生的用餐习惯，还通过将"准时"和烹饪的"火候"进行类比，让赞美充满趣味性。这种别具匠心的夸奖让赵先生倍感亲切，也增强了顾客与店家之间的情感联系。

通过这些案例我们可以看到，创意赞美并非天马行空，而是基于对对方特点的深刻观察和理解。

为了让赞美不落俗套，可以从以下几个方面入手：

关注细节，抓住特质

每个人的独特之处往往藏在细节中。无论是工作中的表现、生活中的习惯，还是某个小小的举动，都可以成为赞美的切入点。关键在于是否能敏锐地捕捉到这些特质，并恰到好处地表达出来。

运用比喻与类比

比喻和类比是让赞美充满趣味的绝佳方式。通过将被赞美者的特点与某个鲜明的事物联系起来，不仅能让夸奖更加生动形象，还能增强其感染力。

融入幽默元素

适当的幽默可以让赞美变得轻松愉快。幽默不仅能够化解尴尬，还能让对方在不经意间接受夸奖，产生更深的共鸣。

保持真实感

虽然创意赞美需要点新意，但最重要的是它必须基于事实。如果赞美过于夸张或虚假，反而会适得其反。因此，夸奖的内容必须建立在真诚的基础上，让对方感受到你发自内心的欣赏。

避免"空洞赞美"的销售陷阱

然而，不少销售在赞美客户时容易陷入"空洞赞美"的陷阱。比如，面对客户走进门，销售直接来了句："哇，您真有眼光，这件产品就适合您！"虽然听上去像是热情洋溢的夸奖，但问题在于，客户还没表现出任何意图或需求，你这样的赞美不仅显得唐突，还会让人觉得你在盲目推销。

我们再来分析一个反面案例：

某化妆品专柜的销售员小张，面对一位中年女客户，直接夸赞："您的皮肤真好，这款护肤品绝对让您皮肤更细腻年轻！"这句话显然是没有经过认真思考的"模板化"赞美。结果，这位女士轻皱眉头，说："我的皮肤不太好，才过来看看产品，你这个夸奖是不是有点随便了？"显然，客户对小张的话产生了怀疑，因为这种赞美过于"甜"，不够"真"。

这类情况其实在销售中很常见，赞美是好的，但如果没有建立在事实和客户需求的基础上，很容易引发客户的不信任。而真实有理的赞美，能够让客户从心底里感受到你的真诚和对他的关注，进而对产品产生兴趣。销售的本质是与客户建立关系，虚浮的赞美只会让客户对你敬而远之。

从这些案例中不难看出，真实有理的赞美在销售中起到的作用是多方面的。它不仅能拉近销售人员与客户的距离，还能增强客户的信任感。最重要的是，赞美要基于对客户的观察和理解，而不是浮夸的"吹捧"。只有当客户感受到你真正了解他、关心他时，他才会愿意与你建立更深层次的关系。

赞美的艺术在于既能让对方感到被重视，又能使彼此的关系更为融洽。而要做到这一点，绝不仅仅是几句套话就能完成的。别再让赞美"千篇一律"，要让它与众不同。

第四节　赞美有可能被误解成"讽刺"

赞美是人际交往中不可或缺的润滑剂，它像一瓶香水，只有用得恰到好处，才能让人心情愉悦；但如果用量不当，可能会引来一片尴尬的气氛，甚至让对方觉得你在挖苦他。尤其是在职场、社交场合中，赞得太过了，可能会让人怀疑你的动机；赞得太少，则显得敷衍。

赞美，一个容易被误解的艺术。

那当你的赞美被误解为讽刺时，该怎么办？这里就有一些你需要知道的内容和有趣的故事。

经典误会：你以为我在夸你，其实我是在"捧杀"你？

回想一下，一场业务会议结束后，你对某位同事说："小王，今天你那发言真是太精彩了，完全把大家都震住了。"本来是想鼓励他，结果却看见小王微笑的脸僵了一下，然后尴尬地说："呵呵，还好吧。"——这其中到底发生了什么？其实，小王可能在想："你这话是不是在暗示我发言太啰嗦，弄得大家都不知所措？"

案例分析一：一次真实的"误解"

某知名电商平台的销售团队中，有一位业绩突出的员工李晓梅，她的销售业绩常年名列前茅。一次公司年会上，经理为了表扬她，特意当众说："晓梅真是太厉害了，简直是我们公司里'打不死的小强'，全年无休，哪怕刮风下雨都挡不住她的拼劲儿！"话音刚落，全场掌声雷动，但李晓梅的脸色却明显变得难看了。

为什么经理的好意被曲解了呢？"打不死的小强"这个比喻虽然本意是想表达她的坚韧不拔，但在大多数人心中，小强却是讨人厌的蟑螂，难免让人觉得这样的"赞美"像是在讽刺她的执拗、不顾休息。尽管经理出发点是好的，但在措辞选择上没有顾及到文化背景和对方的感受，最终让表扬变了味儿。

案例分析二：那些年我们误解过的"赞美"

一位年轻的销售员小刘在客户聚餐时，满心欢喜的想要通过夸赞客户加深关系。当他对一位成功的女企业家说："哇，您真是我见过的最有魄力的女人了，不愧是'女强人'。"结果女企业家面色微变，回应得很冷淡。事后，小刘从同事口中得知，这位客户极其不喜欢别人称她为"女强人"，她认为这不仅是一种性别标签，更是在暗示她没有女性应有的温柔与细腻。

类似这种的销售案例比比皆是，然而这类事件将教会我们什么呢？无疑是令我们深刻反思，避免重复上演。当你再次对客户进行赞美时，稍微思考片刻，精准抓住赞美的"赞点"，千万不要使用有多重意义的词汇，尤其是在涉及比喻时。

为什么赞美会被误解？

从上述李晓梅的例子来看，问题的根源在于赞美者和被赞美者之间的认知"错位"。这并不是少见的现象，在不同文化、不同背景和语境下，语言中的双关与隐喻常常让善意的赞美变得模棱两可。就像《红楼梦》里的"扯谎布衣裳"，明明是赞美裁缝手艺好，结果听起来像在骂他谎话连篇。

国内一项语言学研究发现，赞美被误解的原因往往在于词语使用的双重性。比如"你真是越来越胖了"这样的话，在一些社交场合下，可能本意是开玩笑拉近关系，但在某些对身材敏感的人听来，却像是在嘲笑。类似的这种"赞美错位"，很容易出现在熟悉的社交圈里。

另外，不同文化对赞美的理解大相径庭，许多时候，一个国家或文化中的赞美语句，在另一个地方可能会被视为讽刺或攻击。例如，在西方文化中，直接称赞对方的外貌、衣着、能力，通常被认为是表达好意；而在一些亚洲文化中，过于直接的称赞可能让人感到不自在，甚至产生不信任。

再分析一个真实的销售职场例子：有一家销售公司里，新上任的销售经理在一次团队例会上，赞美一位资历较老的同事："老王，我真是服了你，工作做得这么认真细致，真是全公司上下少有的'老黄牛'精神。"看似这是个非常正面的评价，但结果老王的表情变得有些复杂。原因何在？"老黄牛"在传统观念中是勤恳的象征，但也带有一种"辛苦却缺乏灵活性"的隐喻。老王当时感到自己的职业形象，好像被简单地框定为"埋头苦干"的角色，甚至有些自尊受损。

因此，在跨文化或跨年龄的交流中，使用赞美时需要格外小心，避免触碰到某些可能引发误解的"文化雷区"。这就像踩地雷，稍有不慎，你的好意就可能炸出一场小小的"社交灾难"。

◆如何避免让赞美成"讽刺"？

赞美是社交中的重要武器，能迅速拉近彼此的关系，甚至促成交易与合作。但它也是一把双刃剑，用得好，能成就美好的交流；用得不好，可能会将好意扭曲为嘲讽。在每一次开口之前，多思考对方的感受与文化背景，学会精准表达，才能避免不必要的误会，真正让你的赞美发挥它应有的力量。

为了让你的赞美不会被误解为讽刺，掌握几个小技巧会大有帮助。

展现真诚

真诚的赞美往往不容易被误解。相比华丽的词藻，发自内心的表达更能打动人心。不要为了讨好而虚夸对方，这样反而容易引发猜疑。

了解对方的喜好与背景

在赞美别人之前，了解对方的文化背景、性格特征等非常重要。比如，有些人注重成就，有些人则在意外貌，知道对方重视什么，赞美才会更容易命中目标。

"适度"使用幽默

有些场合下，幽默的赞美能让气氛轻松愉快，但使用时要格外小心。比如你称赞一个长期在减肥的朋友"越来越壮了"，在对方心情好时，可能会被当成玩笑，但如果对方正为体重苦恼，你的幽默就可能引发反感。

多用具体事例，而非抽象概念

抽象的赞美往往容易被误解，比如"你真是太棒了"，而如果你说："你这次处理客户的方式真的特别专业，尤其是在最后解决问题时的那段总结，很有说服力。"具体的例子能让对方清楚你在赞美哪一点，也更难引发误解。

总之,赞美要发自内心、尺度适中,避免负面联想,才能让对方感受到你的诚意,而不是误以为你在暗讽。我们学会了如何避免让"赞美"变成"讽刺"。掌握这些技巧,你的每一次赞美都将成为润滑人际关系的利器,而不是埋下误解的雷区。

第二章
行为篇——发现客户需求

在销售中，了解客户的需求就如同找到一座金矿。客户的需求不仅是他们购买产品的驱动力，更是我们提供服务、制定策略的核心依据。然而，面对形形色色的客户，如何有效地识别和理解这些需求，往往是销售人员最大的挑战。

我们将深入探讨如何通过观察客户的行为、倾听他们的声音，以及解读他们的反应来发现潜在需求。行为是客户心理的直接反映，准确捕捉这些行为信号，能够让我们更好地洞察客户的真实想法，从而制定出更加个性化的销售策略。

此外，我们还将讨论在发掘客户需求的过程中，销售人员应具备的关键技能和态度。包括如何建立良好的沟通渠道、如何提出有效的问题，以及如何在交流中创造一个开放的氛围，让客户愿意分享更多信息。

第一节　问对问题，听出客户的需求

销售已经不再是单纯地将产品推销给顾客，而是转向了提供全面解决方案的战略。这一转变不仅提升了客户的满意度，也为企业创造了更大的价值。简单来说，卖的不只是产品，而是客户的成功和需求的满足。那么，如何才能将产品变成解决方案呢？

明确客户的"真正"需求

很多时候，客户在购买时并不知道自己真正需要的是什么。他们可能只关注产品的表面属性，而忽略了背后的解决方案。这就要求销售人员具备敏锐的洞察力，以及问题解决的能力。

◆需求表象与"真"需求的区别

在销售的沟通过程中，客户往往会直接说出想要的"产品"或者"服务"，但这只是"表层"需求。例如，顾客说他想买一部新手机，这显然并不意味着他只是在寻找一部"手机"而已。他或许是想要一个更大的屏幕来娱乐，或者是想要高像素的相机记录生活。显然，直接推荐一部手机并不能让顾客满意，只有找到他"真正"的需求才能给出精准建议。

案例分析：服装导购的"画龙点睛"

一家服装店迎来了一位看似只想随便逛逛的女士，导购通过观察发现，她对一件黑色连衣裙有多次驻足。通过简单交谈得知，这位顾客有一场重要活动，需要一件时尚却不过分隆重的服装。导购没有直接推荐黑色连衣裙，而是根据她的需求推荐了一款带有精致刺绣的礼服，既符合场合也增添了时尚气息。最终，顾客心满意足地离开并决定下次活动还来这里选购。

这个案例告诉我们，顾客的需求往往并不是"黑色连衣裙"这么简单，而是背后的"场合需求"和"时尚需求"。找到这些隐藏的需求，我们才能一举打动客户。

小技巧：让客户"打开话匣子"

与客户沟通时，不妨尝试以下问题来引导他们更详细地描述需求：

"您主要是在什么场合使用这个产品呢？"

"您对这类产品的期望值是什么？"

"您有没有想要的具体功能或者样式？"

通过这些引导问题，销售人员可以在不知不觉中找到客户真正的需求所在。

◆ 尊重个性化：每个客户的需求都不同

每一位客户都是独一无二的，他们的需求也不尽相同。在销售中，需要理解和尊重客户的个性化需求，将心比心地为他们推荐合适的商品，才能让客户感到"服务到位"。

案例分析：高端家电的"个性化"服务

在一家高端家电店，一位客户表示想为新家挑选一套厨房家电。在交谈中，销售人员了解到该客户家里经常举办家庭聚会，需要强劲性能且设计感十足的电器。于是，销售人员为其推荐了性能强大、外观精致的家电组合，并附带上门安装及延保服务。客户不仅买单，还将这家店推荐给了朋友们。

小建议：如何实现"个性化服务"？

了解客户的生活方式：客户的日常生活习惯能帮助我们更准确地推荐产品，例如爱旅行的客户更偏爱便携、耐用的产品。

关注客户的特殊偏好：如客户偏爱某种颜色、材质，甚至品牌等，记录这些偏好并在后续推荐中加以关注，能让客户更感动。

定制专属优惠：对于忠实客户或者有特殊需求的客户，可以根据他们的需求推出专属优惠。例如，根据客户喜爱的商品类型推出折扣券，增强客户的满意度。

◆ 满足客户的需求

真正的销售并不是简单地推销产品，而是为客户的需求提供一套完整的"解决方案"。换句话说，销售人员需要站在客户的立场思考，帮助客户在"需求"与"产品"之间建立桥梁。

案例分析：家具店的家居布置服务

一家家具店的销售员发现客户看中一款沙发，却犹豫不决。销售员与客户交流得知，客户担心沙发与家中其他家具不搭配。于是，销售员建议提供免费上门家居布置设计服务，帮助客户规划整体风格。客户不仅购买了沙发，还选择了店内配套的茶几和书架，并在日后继续选购其他家具。

技巧：从"卖产品"到"卖解决方案"

找到需求的根本痛点：

销售员可以问客户，"您遇到的具体问题是什么？"通过倾听，销售员可以找到最关键的需求痛点。例如，销售办公椅的人员可以问客户，是否经常感到肩颈疼痛，以找到客户对"舒适度"的真实需求。

提供多种选择方案：

每位客户的需求可能并不完全相同。因此，为客户提供多种选择方案，介绍优缺点，帮助他们做出最适合的选择。

◆如何在沟通中捕捉需求？

沟通是找到需求的最佳途径。在客户沟通中，通过观察、倾听和提问，可以快速识别客户的潜在需求，进而为客户提供个性化建议。

技巧：观察+倾听+提问三步走

第一步观察：观察客户的举止、表情，可以了解其喜好和需求。例如，客户看中一款商品并多次触摸或比较，说明他对这个商品有一定兴趣。

第二步倾听：尊重客户的表达，认真倾听他们的问题、抱怨或者需求。

第三步，提问：通过提问来深入了解客户。例如："您希望这个产品达到怎样的效果呢？"这类问题能让客户进一步表达真实的需求。

注意事项：避免过度推销

在倾听客户需求时，切忌打断客户或强行推荐不合适的产品。这会让客户觉得自己被忽视，降低购买意愿。取而代之的是，站在客户角度思考，帮助他们挑选到心仪的产品。

在销售过程中，要时刻谨记"你卖的不仅是产品，更是要满足客户的需求。"通过理解客户的需求、提供量身定制的解决方案、建立良好的信任关系，销售人员可以实现更高的客户满意度和业务增长。

销售的本质是价值的创造，真正成功的销售是让客户感受到他们所购买的，不仅仅是产品，而是一个完整的、能够帮助他们解决问题的解决方案。

第二节　卖的不只是产品，而是解决方案

现代销售早已不再是单纯的产品交易，而是客户需求的深度理解与定制化的解决方案。一个成功的销售不仅是产品的"搬运工"，更像一位"需求侦探"，不仅能精准识别客户的问题，还能用产品提供的多样化方案来解决客户的困扰。那么，如何在销售中做到"卖解决方案"呢？

从"卖产品"到"卖解决方案"的演变

在传统销售中,产品的功能、价格和质量往往是最受关注的因素。然而,随着市场需求的多样化和个性化,单一产品很难满足客户的全面需求。客户不仅希望购买一个产品,更希望得到一个能够解决其问题的全面方案。

因此,成功的销售人员在推销产品的同时,还需要站在客户的角度思考:产品如何能更好地满足客户需求、解决他们的实际问题。

◆深挖客户需求的三步法

要卖出解决方案,首要任务是弄清客户的真实需求。客户表达的需求和内心的真正需求往往不一致,所以销售人员需要"会听话、会问话、会转话"。

★会听话:倾听是理解客户需求的第一步

客户的语言中往往隐藏着未直接表达出来的需求,销售人员应耐心倾听、适时回应。比如,当客户抱怨"最近腰痛很难受",销售员应立即捕捉到这一细节,这可能意味着他需要更符合人体工程学的家具。

★会问话:通过适当的提问引导客户说出需求

适当提问可以帮助销售员更好地理解客户的需求,比如询问客户的使用场景、偏好等。以推销智能家居产品为例,可以问:"您家里平时有老人或孩子吗?"客户可能会表达出对安全、便捷的特殊需求,而这些可以通过智能家居产品的组合方案来满足。

★会转话:让客户意识到产品可以解决问题

很多客户不清楚产品的潜在价值,这时销售人员需要通过"转话"

来引导。比如在推销洗碗机时，可以直接提到"洗碗不仅耗时间，还容易使手变粗糙"，让客户意识到洗碗机带来的不仅是效率提升，还是手部肌肤的保护。

用策略性提案打动客户

提出解决方案是一个"战略"性的过程，必须考虑到客户的心理。通过策略性提案，销售人员能够创造出"超值"的体验，让客户感觉购买的不仅是产品本身，更是一种贴心的服务。

◆以客户痛点为核心，提供专属解决方案

围绕客户的痛点设计方案，才能让客户真正感到被理解。例如在推销空气净化器时，可以根据客户的家庭情况推荐产品，并明确指出其对宠物毛发、过敏原的过滤效果，解决客户对空气质量的担忧。这种基于痛点的方案更具说服力。

◆多选项提案，给客户更大选择空间

多选项提案是销售的"必杀技"，它不仅能增加成交率，还能让客户有"掌控感"。例如，在为公司推荐会议设备时，可以提供"基础型"、"进阶型"和"豪华型"三个选项，并详细说明每一款的适用场景与功能特点。让客户觉得自己在不同方案中做出选择，而不是"被推销"。

◆高配方案与折扣诱惑，增加购买价值感

高配方案的折扣可以增加客户的"占便宜"心态。以数码产品为例，常见的优惠活动是"主机＋赠送鼠标＋键盘＋耳机"。销售员可以通过强调这种组合所带来的"超值"体验，增加客户的购买冲动。

虽然"解决方案式销售"很有价值，但它也有潜在的误区。错误地理解客户需求或过度推销可能适得其反。

★注意事项：避免"方案推销"误区

避免过度分析客户需求

"过度分析"会让客户感到不适。销售员在提问时应点到为止，避免深入挖掘客户的私人信息或要求客户过多的反馈。过多的细节会让客户产生抵触心理，感觉自己是被"调研"。

注意方案复杂性，保持简单明了

复杂的方案会让客户产生疲惫感，反而难以做出决定。销售员在介绍方案时，务必保持简洁明了，确保客户能在短时间内理解关键内容。

避免只顾"方案推销"忽略客户体验

"解决方案"推销不仅仅是"卖方案"，还包括整个互动中的服务体验。如果在交流中只关注销售目标，而忽略了客户的感受，可能会得不偿失。销售员应保持耐心，适时关心客户的购买意向，避免过度紧迫感。

"解决方案"式销售不仅关注短期交易，更关注长期的客户关系。通过个性化定制，客户能感到自己"被重视"，进而产生更强的品牌忠诚度。

通过 CRM（客户管理）系统记录客户的历史购买记录、兴趣点等信息，销售员可以更精确地做出个性化推荐。比如，在一家服装店，一位老客户经常购买商务正装，销售员可以在新款到店时第一时间通知客户并提供一对一的试衣服务。这种私人定制服务让客户觉得自己被特别照顾，提升了客户的忠诚度。

定期的回访是一种有效的售后服务方式。通过回访，销售员可以了解客户对产品的满意度，同时向客户传递更多新的方案。比如在家具销售中，销售员可以回访客户，了解沙发使用情况，提出保养建议，这样会让客户更愿意选择继续购买。

销售不仅是卖产品，更是提供一个让客户信任、依赖的解决方案。通过深入理解客户需求，定制化提供解决方案，销售人员可以建立更深厚的客户关系。希望每位销售高手都能在解决方案中找到自己的风格和策略，用真诚与智慧为客户创造价值，最终实现"销售即服务"的理想境界。

第三节 抓住直播带货的精髓

近年来，直播带货如同一股旋风，席卷了整个电商市场。从明星到普通人，人人都能在这个舞台上发光发热。它不仅仅是销售产品，更是一种全新的消费体验。在这场直播的狂欢中，如何抓住直播带货的精髓，提升销售效果，成为了许多商家的核心竞争力。接下来，我们将通过一些真实案例，来探讨如何在直播带货中脱颖而出，真正实现与客户的深度连接。

直播的魅力：情感共鸣与互动

直播带货的成功，首先源于它能激发客户的情感共鸣。许多时候，客户并不是单纯地看产品，而是被主播的激情所感染。直播的魅力在于它突破了传统购物的限制，将情感共鸣和实时互动融为一体，打造了一个更贴近消费者的体验。在直播过程中，观众不仅仅是被动的"看客"，他们可以通过实时评论、点赞甚至直接与主播互动，参与到整个购物体验中。

主播在镜头前的表现，不再只是单纯的产品介绍，更像是朋友间的推荐，通过真情实感拉近与观众的距离。这种情感共鸣让消费者更容易被打动，产生信任感，也更倾向于做出购买决定。

接下来，我们再分析一个非常成功的案例。

案例分析：某平台的达人营销

某平台作为一个以内容为主的社交平台，用户不仅可以分享生活方式，还能通过笔记与直播实现带货。在一次直播活动中，一位达人针对一款护肤品进行了深入分析，结合自己使用后的真实感受，吸引了众多粉丝。

与其他直播不同，这位达人并没有简单地推荐产品，而是通过与粉丝分享护肤的科学知识，帮助他们理解产品的成分和效果。她在直播中使用产品的同时，结合自己的肌肤问题与大家交流，营造出一种真实可信的使用场景。通过这种方式，达人不仅仅是在卖产品，而是在传递护肤理念，最终使得销量大增。

直播中的互动性，让消费者拥有了发声的机会。他们可以实时提问，得到主播的即时回应，从而增强了参与感，减少了不确定性。这种"面对面"的互动，让很多消费者感到自己不仅仅是在购物，而是在与主播进行真实的对话，整个过程充满了参与感和乐趣。而当主播能够熟练运用幽默风趣的语言，结合丰富的表情和肢体动作，整个直播就像一场精彩的演出，甚至有时比商品本身还更吸引人。

这种情感共鸣和互动性，正是直播电商成功的关键所在。无论是热情的赞美、搞笑的梗，还是对于产品细节的真诚解答，直播让消费者感受到一种前所未有的购物体验，这种"陪伴式"的购物模式，使得情感连接成为了消费决策中的重要因素。

视觉冲击与体验感

视觉冲击与体验感，是当今市场营销中有效的利器之一。在这个"眼球经济"的时代，消费者的注意力越来越短，如何让你的产品在众多选择中脱颖而出，视觉冲击力和体验感往往决定了成败。无论是实体店的陈列，还是电商平台的页面设计，都离不开视觉上的精心布局。

◆产品展示的方式直接影响观众的购买决策

视觉冲击力强的展示能更好地吸引观众的注意力。

想象一下，你走进一家咖啡馆，墙上挂满了色彩明艳的艺术画作，桌上摆放着精致的小盆栽，这种场景会立刻让人感受到氛围的独特和精致。这就是视觉带来的第一感知，它不需要任何解释，已经开始悄然影响客户的购买决策。

同样地，在线上购物时，图片的设计、产品的展示角度、色彩搭配等都会影响消费者的视觉感受。一张充满活力的产品图片，会比平淡无奇的描述更能吸引客户点击。

例如，某家茶叶品牌在直播中，主播通过泡茶的过程向观众展示了茶叶的色泽、香气和泡制技巧。她不仅仅在推销茶叶，而是带领观众体验了一场关于茶的文化之旅。这种生动的产品展示，不仅让观众了解了茶叶的特性，还在潜移默化中增强了他们的购买欲望。在观看的过程中，观众们仿佛置身于一个充满茶香的环境中，感受到了茶文化的魅力。

视觉冲击和体验感不仅是吸引客户的重要手段，也是提高客户满意度、提升品牌价值的核心策略。当视觉打动人心，体验感加以巩固，客户自然会留下深刻印象，并愿意与品牌建立长期的关系。

◆品牌与达人联手也是直播带货的一种有效策略

例如，一家国内运动品牌与健身博主合作，进行了一场以"健身与时尚"为主题的直播。在这场直播中，博主展示了品牌的最新运动装备，同时分享了自己的健身心得和饮食建议。

这种合作模式，不仅提高了品牌的曝光率，还为观众提供了实用的健身信息。观众在观看直播的同时，感受到品牌的专业性，最终促使他们做出购买决策。这种双赢的合作关系，为品牌带来了可观的销量，也提升了博主的影响力。

消费者不仅需要看得舒服，还希望用得开心。无论是实体店的购物体验，还是网购的用户体验，整个过程都要流畅、贴心，才能让客户留下好印象。这种"体验感"在营销中的作用不可忽视。它能让客户从头到尾都感到愉悦，进而培养品牌忠诚度。

◆一个成功的品牌，往往有着自己独特的故事

在直播中，主播如果能巧妙地将品牌故事融入到销售过程中，将会更加吸引客户的关注。例如，一家主营环保产品的公司，在直播中不仅介绍了产品的环保特性，还讲述了创始人的创业故事。

通过这样的叙述，观众不仅了解到产品的优势，更产生了情感上的共鸣。当客户对品牌产生认同感时，他们更容易做出购买决策。这种故事驱动的销售方式，往往能够打动观众的心弦，使他们愿意为品

牌的理念买单。

近年来，生鲜食品的直播带货也逐渐兴起。一家专注于海鲜的电商平台，在某次直播中，主播通过实时展示新鲜的海鲜，结合现场的烹饪演示，吸引了大量观众。主播不仅介绍了海鲜的来源和养殖过程，还与观众分享了如何挑选优质海鲜的小技巧。通过这种深入浅出的讲解，观众不仅能感受到海鲜的新鲜和美味，还能获得实用的消费知识，极大提升了购买欲望。这样的直播形式不仅提高了产品的销量，也为品牌建立了良好的口碑。

抓住直播带货的精髓，不仅仅在于产品本身，更在于情感的共鸣、互动的参与、视觉的冲击以及品牌的故事。成功的直播不仅能带来销量，更能与客户建立深厚的关系，实现品牌的长远发展。

通过以上案例，我们可以看到，无论是个人主播还是品牌方，只要能够真正理解客户的需求，提供高质量的内容与互动，就一定能够在直播带货的浪潮中脱颖而出。总之，直播带货是一个关于情感和体验的艺术，只有用心去做，才能收获丰厚的果实。

第四节　直播带货时要尊重观众

在当今电商时代，直播带货风靡一时，许多主播在与观众互动时，习惯性地称呼观众为"家人们"。这个称谓乍听之下温暖亲切，仿佛拉近了主播与观众之间的距离。但如果主播在直播过程中，做出一些让人"上火"的行为，便可能让这份亲切感瞬间崩塌。

互动的本质：尊重与真诚

首先，尊重观众是直播带货的基础。许多主播在推销产品时，往往为了提高销量，不惜夸大其词，甚至直接忽视观众的"智商"。这种做法不仅无法赢得客户的信任，反而可能引起观众的反感。

例如，某次直播中，一位主播在推销一款自称"完全无副作用"的保健品时，滔滔不绝地描述了产品的神奇效果，声称它能"治愈一切"，并且不需要任何医疗干预。看似为观众的健康着想，实际上却是在玩火。这种毫无底线的夸大宣传，终究让观众感到被愚弄，结果销售惨淡，甚至遭到了观众的投诉。

在直播电商的世界里，"家人们"可不是随便喊喊的，他们是聪明、挑剔的消费者。千万不要小看这些"家人们"，也别试图蒙混过关。作为一名主播，如果你想长期发展下去，绝对不能把他们当作没有判断力的群体。消费者们可都是"火眼金睛"，尤其在信息发达的今天，每一个产品背后的信息、每一个承诺的真实性，都可能被他们分分钟查得一清二楚。所以，若想在直播间里与这些"家人们"建立良好的关系，诚信才是最重要的基础。

如果你推销的商品，在"家人们"收到后发现质量不符，或者你夸大其词地描述了某些根本不存在的功能，后果可想而知。这些"家人们"可不会轻易原谅你，一旦失去了信任，他们会毫不犹豫地"取关"，甚至在社交媒体上大肆宣传你的不诚信，导致你的人气急速下滑。直播间再也没有人愿意相信你。

★不要存在侥幸心理：

虽然短期效果确实能激发观众的购买欲望，但对于许多商品而言，效果通常需要更长时间才能显现。几位观众在购买后，使用了一段时间后没有感受到明显的变化，纷纷在评论区表达失望与质疑："果然是骗人的！"最终，这场直播的转化率低得可怜。

消费者们越来越理性，尤其在"冲动消费"频频发生之后，也学会了如何识别过度包装和虚假宣传。一旦他们发现了任何虚假的成分，不仅不会买账，甚至会直接发起集体维权。

所以，作为主播，最好把每一个产品的信息、优缺点透明地展示给大家，而不是一味地只谈好处。这不仅能给消费者留下诚实可靠的印象，还能通过这种真实的表达，与他们形成更牢固的信任纽带。

什么是直播中的"降智行为"？

"降智行为"是指一些让人"智商掉线"的互动和行为，通常让人哭笑不得。例如，粉丝在直播间反复提问"主播这是直播吗？""你是不是机器人？""主播能不能马上发货？"等迷惑问题，或者主播自己做出了一些令人不解的反应，这些行为都属于"降智行为"。而这些行为对直播间的节奏、观众的体验和氛围都有很大影响。

案例：经典"降智行为"盘点

1. 迷惑提问："主播，能不能给我看下这个产品的反面长啥样？"——你会发现很多产品从各个角度展示了一遍，粉丝还是会反复询问。

2. 无厘头要求："主播，你说我该不该和前男友复合？"——主播瞬间变成了情感导师。

3. 爆笑的自我怀疑：粉丝突然冒出一句"主播，你是机器人吧？"——这时候就考验主播的反应了。

这些场景下，主播要学会幽默、风趣地处理，不仅能活跃直播间气氛，还能拉近与观众的关系。

◆如何识别并优雅应对"降智行为"

在直播中，如果出现一些反复的无厘头提问，不要立刻下定论说这是"降智行为"。有些新用户可能真的不了解某些产品细节，或者刚刚进入直播间，没有看见之前的展示。主播要学会冷静分析，将无厘头问题分为"真正的需求"和"故意的调侃"。

★应对技巧

二次确认：对于一些重复问题，可以用"我刚刚提到过哦，不过为了让大家更清晰了解，我再演示一次！"

幽默回应：如果是显然的调侃，比如问"主播是机器人吗？"可以玩笑地说："我不仅是机器人，还是有高智商的机器人哦。"

◆合理运用小活动和优惠，打破直播中的"智商掉线"瞬间

面对一些直播间中突如其来的"降智行为"，不妨用活动和优惠让粉丝转移注意力。比如，当粉丝们的互动逐渐偏离主题时，可以尝试进行限时优惠、小红包、幸运抽奖等活动，让直播重新回到正轨。

★小活动1：限时抢购，拉回注意力

如果直播间中，粉丝开始重复一些低效的问题，可以突然来个限时优惠，比如"限时5分钟，拍下立减5%"，让大家立刻回到购物情境。

★小活动2：红包雨，小惊喜化解尴尬

当"降智行为"引发冷场或尴尬时，红包雨是一个不错的"止冷"

手段。通过发放小红包，既能让直播间热闹起来，又让粉丝感到被重视，从而降低"智商掉线"带来的尴尬感。

◆把"降智行为"转化为直播亮点

降智行为虽然让人头疼，但如果用对了方式，这些尴尬也可以成为直播的笑点和亮点。通过适当的幽默和互动技巧，主播不仅能成功"化解尴尬"，还能够提升观众对直播间的好感。

案例：主播的机智回应

一位数码产品主播在直播时，观众留言："主播，这个耳机会自己唱歌吗？"主播笑着回应："亲爱的，这个耳机还差一步，不过你买了它就可以带它去KTV啊。"这种幽默的回应既轻松活跃了气氛，又让观众感到欢乐。

如果观众的提问经常出现类似的无厘头问题，主播可以将这些问题整理成"直播梗"，并与粉丝形成互动记忆。下次再有人问类似问题时，其他粉丝也会跟着调侃，让整个直播间更加生动有趣。

直播中总会遇到一些让人"智商掉线"的行为，但我们可以通过冷静、幽默和互动的方式应对。无论是粉丝的无厘头提问，还是主播的突发状况，只要用对方式，这些"降智行为"都能转化为增强直播氛围的机会。不妨能用智慧和幽默，活跃直播间，让每一次降智都成为独特的互动体验！

第三章
信任篇——如何建立信任

在销售的世界中，信任是最重要的货币。无论你的产品多么优秀、价格多么具竞争力，如果客户对你没有信任感，他们都不会轻易做出购买决策。因此，建立信任不仅是销售的关键，更是客户关系的基础。

我们将通过真实的案例，展示不同销售场景中，信任如何直接影响客户的购买决定。无论是在面对面的销售中，还是在数字化交流的环境下，信任都是促成成交的隐形力量。你将看到一些成功的销售人员是如何通过真诚的沟通、专业的知识以及持久的支持，逐步赢得客户的信任，并最终实现业绩的突破。

此外，我们还将介绍一些建立信任的核心原则，包括透明度、一致性、可靠性等，以及如何在不同的销售阶段灵活运用这些原则。建立信任不是一蹴而就的过程，而是需要时间、耐心和持续的努力。你将掌握建立信任的有效策略，帮助你在销售过程中赢得客户的信任与支持。

第一节　真诚是最好的销售工具

真诚不像那些复杂的销售技巧需要反复练习、斟酌，它是发自内心的一种态度。当客户感受到你的真诚，他们会不自觉地放下戒备，进而更愿意倾听你所说的一切。因为谁都不喜欢自己被销售人员当成其数字或业绩来看待，人们更倾向于与那些愿意真正了解他们、关心他们需求的人进行交易。

打动人心的力量

许多成功的品牌都深知，讲述一个真实的故事能够有效拉近与消费者的距离。

案例：以国内某知名乳制品品牌为例，该品牌的创始人张先生是一位土生土长的农村孩子，他从小就亲身经历了牛奶对家庭的巨大帮助。长大后，他毅然决然决定回到家乡，创办一家专注于优质乳制品的公司。在直播宣传中，张先生分享了自己从小到大的经历，尤其是家庭经济困难时，喝上一杯新鲜牛奶带来的温暖。他真诚地表示："我希望更多的孩子能像我一样，享受到牛奶带来的营养。"

这种亲身经历与品牌故事相结合，让消费者对产品的信任感油然而生。正因如此，该品牌的市场份额逐年上升，成为许多家庭的首选。

真诚不仅体现在品牌故事中，还可以通过诚实的产品推荐来体现。这种直言不讳的态度让观众感受到主播的真诚与专业，反而引发了更多人的购买兴趣。与那些过度夸大宣传的主播相比，这位主播的真诚表现赢得了大量的好评和信任，使得销售额大幅提升。

案例：在某次的直播中，一位主播分享了自己真实的客户体验。她提到，自己在使用某款产品后出现了过敏反应，于是立刻联系了品牌方。品牌方不仅迅速回应，表示歉意，还主动提出全额退款，并赠送了其他产品作为补偿。

主播在直播中强调："这让我感受到了品牌的责任感与关怀。虽然出现了问题，但品牌的处理方式让我更加信任他们。"这样的真实反馈，不仅让观众感到品牌的真诚与负责，也进一步加深了消费者对该品牌的信任。

真诚的力量不仅在于拉近人与人之间的距离，它还能打破许多沟通中的"障碍"。一个销售员如果只想着尽快完成交易，把产品推销出去，往往容易忽略客户的真实需求。客户可能因为你那种急切的态度，产生防御心理，甚至开始怀疑你推荐的产品是否真的是他们所需要的。

如果你以真诚的态度与客户对话，表现出你真正关心的是解决他们的问题，而不是追求业绩，他们反而会愿意与你分享更多的信息，甚至更容易信任你的建议。毕竟，谁不喜欢与一个"站在自己一边"的销售员打交道呢？

很多时候，真诚不仅是态度上的表现，更是对客户需求的尊重。有些销售人员为了业绩不惜夸大产品的功能，结果是客户购买后发现实际效果与预期不符，最终导致客户的不满和退货。而真诚的销售员则会如实告知客户产品的优缺点，甚至在某些情况下告诉客户"这个产品可能并不适合你"。

虽然短期内看似失去了一个销售机会，但从长远来看，客户会记住你的诚实和负责，下次有需求时他们还会回来找你，因为他们知道你不会让他们"吃亏"。

互动中的真诚：拉近距离

在新媒体时代，真诚的传播方式也在不断演变。许多品牌利用短视频和直播平台，以轻松幽默的方式分享产品的真实体验。比如某个咖啡品牌，在直播中让消费者通过不同的方式展示咖啡的制作过程，让观众看到咖啡背后的故事与用心。

这种方式不仅让品牌形象更加亲民，也让消费者感受到品牌的真诚，进而愿意为其产品买单。通过与消费者的互动，品牌成功地构建了良好的信任关系。

在直播过程中,互动是建立信任的重要环节。

案例:某家电品牌的直播间,主播在展示产品时,积极与观众互动,甚至不怕暴露自己的短处。当面对一位观众的疑问:"你觉得这款洗衣机的噪音大吗?"主播毫不犹豫地坦承:"我刚开始使用时也觉得有些声音,但经过几次使用后,习惯了就好了。其实,相比它的清洗效果绝对值得!"

这种真诚的态度不仅让观众感受到主播的真实,也拉近了与观众之间的距离。正因为主播敢于展示自己的真实体验,最终赢得了观众的信任和支持,销售业绩节节攀升。

案例:一家专门销售手工食品的小店,其创始人是一位八十多岁的老奶奶。她的坚持与真诚深深地打动了许多顾客。在直播中,老奶奶总是耐心地向观众介绍自己制作的每一款食品,分享她从年轻时就开始的手艺和用心。

她说:"我做的每一道菜都是真材实料,不会添加任何防腐剂。我希望每个人都能吃得健康。"她的真诚打动了许多消费者,纷纷购买她的手工食品。老奶奶的故事在社交媒体上广为流传,让她的小店迅速成为人们心中的"味道传承"。

短期的销售成功固然重要,但更重要的是如何让客户成为长期合作伙伴。那些通过不实宣传获得的交易,最终只会带来客户的失望和投诉,而通过真诚赢得的信任则会带来持续的口碑和推荐。

销售员往往发现,最好的广告并不是精心设计的宣传单或广告词,而是来自那些满意客户的口口相传。当客户感受到你真心实意为他们着想,他们会愿意向身边的朋友、家人推荐你的产品,这无疑是最强大的销售助力。

案例:在一次行业交流会上,一位品牌经理分享了自己在销售过程中的反思。她回忆起一段不太成功的直播经历:"当时我过于强调产品的优点,甚至忽略了潜在的缺陷,结果反而让观众感到困惑和不安。"

经过深思熟虑后,她决定改变策略。在后续的直播中,她开始诚实地分析产品的优缺点,让观众对产品有全面的了解。结果,观众不仅信任她,更积极参与互动,购买量也显著提高。这位经理的经验提醒我们,真诚的态度不仅有助于赢得客户的信任,更能促进销售的长期发展。

每个销售员在面对目标、业绩压力时,都会遇到"捷径"的诱惑,但那些能在长期保持成功的销售员,往往都是能够坚持初心、保持真诚的人。因为只有在真诚的基础上,才能真正理解客户的需求,提供恰如其分的解决方案,从而让每一次交易都成为一个"双赢"的局面。

因此,真诚不仅是最好的销售工具,更是销售的基石。它不是短暂的技巧,而是一种长久的态度,能够在竞争激烈的市场中,帮助销售员脱颖而出,与客户建立长久的信任关系。没有华丽的包装,也没有复杂的步骤,真诚永远是打开客户心扉的最佳钥匙。

第二节　专业知识让客户对你放心

在现代商业中，客户的选择不再依靠价格和产品质量，更大程度上依赖于他们对销售人员专业知识的信任。无论是在实体店、线上直播还是客户咨询中，展示专业知识都能让客户感受到一种安全感，使他们更愿意进行消费。

行业专家的力量

客户在选择产品或服务时，常常面临信息过载的困扰，而这时，拥有扎实专业知识的销售人员便显得尤为重要。当客户感受到你对产品的深入理解和独到见解时，心中的疑虑就会悄然消散，他们会对你的建议充满信心。

想象一下，当你与客户交谈时，能够轻松回答他们提出的各种问题，甚至是那些刁钻古怪的提问。这种从容不迫的状态，往往会给客户留下深刻的印象。你的专业知识不仅可以帮助他们找到最适合的解决方案，还能在他们心中树立起你作为行业专家的形象。客户愿意相信你，正是因为你能够用准确而专业的语言，拆解复杂的问题，提供切实可行的建议。

案例：某家知名电子产品公司推出了一款智能家居系统，为了推广这款产品，他们特意邀请了一位科技行业的专家进行产品直播。专家不仅深入浅出地讲解了智能家居系统的各种功能，还详细分析了不同用户在使用过程中的常见问题。

在直播中，专家甚至现场演示了如何通过手机控制家中的电器。一位观众在观看直播后评论道："听完专家的介绍，我感觉对这个产品有了更深入的理解，特别是对于我家里的网络配置问题，有了很多实用的建议。"正因为专家的专业知识和真诚分享，最终促使大量观众下单购买。

当你在与客户互动时，能够分享行业故事、案例分析或者市场动态，这些内容能有效提升你在客户心中的价值。在一个充满人情味的环境中，客户不仅是在与销售人员交流，更是在与一个知识丰富、乐于分享的朋友沟通。这样的互动，往往能拉近你与客户之间的距离，使他们更加愿意与你建立长期的合作关系。

当然，专业知识的积累并非一朝一夕之功。你需要不断学习和更新自己的知识库，紧跟行业发展的潮流。这种主动的学习态度不仅能增强你的专业性，还能为客户提供最新的信息和趋势。当客户意识到你不仅仅是个"推销员"，而是个真正关心他们需求的顾问时，信任的桥梁便会迅速搭建起来。

"恰当"地使用专业知识

◆先了解客户知识水平，灵活调整表达方式

不同客户对专业知识的接受程度不一样，有些客户喜欢深入了解产品的技术原理，而另一些客户更关心产品的实际效果。因此，销售人员在使用专业知识前，应该先观察客户的反应，或询问客户对某些技术名词的理解程度，以便选择适合的表达方式。

★ 运用技巧

灵活探测：

通过询问或观察客户对产品特性描述的反应，判断客户的理解水平。例如："您平时对音响设备有研究吗？"如果客户表示有研究，可以适当深入讲解；如果客户显得犹豫，就适当简化专业术语。

结合实际场景：

无论专业度如何高，销售员都可以将术语转换为实际场景。例如："这款音响的高频效果特别好，您在家听钢琴独奏会有一种在音乐厅的临场感。"

◆ 适时插入客户能感知到的实用价值

在介绍产品时，客户更关心的往往是"能给我带来什么好处"，而不是那些晦涩难懂的参数。因此，销售员可以从客户的需求出发，将产品特性和客户体验联系起来，让专业知识变得简单易懂。

案例：一位销售员在推销一款具有抗菌功能的空气净化器时，没有一开始就讲解复杂的抗菌原理，而是说："这个净化器可以有效减少室内99%的病菌，特别适合有孩子的家庭，能让您家里的空气更洁净。"这种贴心的表达方式，能让客户在听到专业知识时也保持兴趣。

◆ 用技术特性增强客户的购买紧迫感

在限时抢购或库存有限的活动中，可以简要点出产品中的技术难度，让客户明白这个机会并不常有，从而激发他们的购买紧迫感。

案例：一位销售员在介绍一款高科技投影仪时，用轻松的口吻说道："这款投影仪的芯片是进口的，画质非常清晰，同时还有自动校正功能。

由于这款设备比较稀缺,很多家庭影院爱好者都在抢购,库存可能不会太多哦!"这种方式让客户对产品产生了更高的期待。

◆引导试用或演示产品效果

当产品的专业性较强时,最好以实际效果来打动客户。在试用过程中加入对专业知识的讲解,让客户亲身体验产品优势,会比单纯的言语解释更有效。

案例:一位推销咖啡机的销售员,邀请客户亲自体验制作咖啡的过程,体验过程中详细解说了咖啡机的压力泵和研磨系统。客户在闻到咖啡香气的同时,已经深刻感受到了这款咖啡机的专业性,最终毫不犹豫地下了订单。

◆适时提出使用专业建议,增强客户信任

在介绍产品时,可以适当提供一些使用技巧和保养建议,不仅能让客户了解产品的长期价值,还能增加客户对销售员的信任。

★建议:销售员在推销空气净化器时,可以提醒客户定期清洁滤网,并说明这样会延长净化器的使用寿命,这类小建议会让客户感受到销售员的专业性和细致关怀。

◆如何避免"知识过剩"导致的客户反感

销售人员应该明白,并不是所有客户都对技术细节感兴趣。过多地介绍产品的每一项功能和参数,反而会让客户产生信息过载,影响购买意愿。

★技巧:避免不必要的技术细节

当销售员面对非技术型客户时,尽量避免使用过多的专业术语,选择直接描述产品的效果即可。例如,在介绍相机时,可以用"拍摄效果极为清晰，尤其在夜间拍照时效果依然出色"来代替详细的光圈或感光度参数。

在销售过程中，适当引导客户多表达他们的需求，避免让专业知识主导整个交流过程。客户的需求才是关键，专业知识只是辅助工具。

★建议：多关注客户需求，不要喋喋不休

在客户提出需求后，销售员可以先用开放式问题让客户进一步说明需求，然后有针对性地介绍产品的具体功能和技术，这样可以确保交流更高效且精准。

总的来说，在销售中使用专业知识，确实能够增加产品的可信度和说服力，但关键是要做到"点到为止"。销售员需要根据客户的实际需求和理解能力，选择适当的内容和表达方式，既不让客户感到负担，也能有效地传达产品的核心价值。

第三节　规避直播带货的陌生感

在当今数字化的浪潮中，直播带货已经成为商家与消费者之间的一种新型互动方式。然而，尽管这种模式为我们打开了一个全新的购物体验，但在直播的过程中，许多消费者常常会感受到一股"陌生感"，这不仅让他们对产品产生怀疑，也让他们在决策时犹豫不决。因此，如何有效地规避这种陌生感、建立起与消费者之间的信任，是每一位主播和商家必须认真思考的问题。

打造"亲切的直播人设"形象

首先,销售主播的人设是关键。设想一下,如果你在某个直播间中看到一个穿着奇怪、说话不清的人,是否会对他推荐的产品产生信任呢?当然不会!相反,如果这个主播表现得真诚、幽默且充满个性,观众自然会更愿意接近他。

因此,主播在开播之前,可以通过社交平台展示自己的日常生活,例如分享健身秘诀、烹饪美食或养宠物的趣事。这些内容不仅能展示主播的真实个性,还能让观众感受到他的人情味,从而在潜意识中拉近了彼此的距离。

例如,某位美妆主播在直播之前,分享了自己和闺蜜一起做DIY面膜的过程,幽默地描述了如何在厨房里捣鼓食材。这样的展示让观众觉得她既真实又接地气,形成了良好的第一印象。当她推荐产品时,观众心中已经对她建立了一种"朋友"的信任感,购买意愿随之提高。

接下来,我们将介绍如何有效的打造直播人设。

◆观众最不喜欢的是虚假的形象

如果主播看起来像是在演戏,而不是在与观众进行真正的交流,观众很快就会失去兴趣。因此,主播需要展现真实的自我。这并不是说主播要毫无保留地分享生活的每个细节,而是要让观众感受到他们的诚意与亲和力。例如,一个热爱健身的主播可以分享自己的锻炼过程和饮食习惯,这不仅能展现他们对健康的真实热情,还能吸引那些同样关注健康的观众。

◆幽默感是打造人设形象的重要武器

直播的氛围常常是轻松愉快的,主播如果能够适时地加入幽默元素，不仅能活跃气氛，还能让观众对他们的印象更为深刻。例如，某位搞笑的美食主播在推荐一款厨房小工具时，不忘用夸张的手势和搞笑的声音，来形容工具的"神奇"。这种幽默的表达方式不仅能让观众捧腹大笑，更能在潜移默化中增强他们的购买欲望。

◆主播的人设应该与所销售的产品相辅相成

主播的形象和品牌之间要形成一种和谐的共鸣。例如，一位销售护肤品的主播，可以通过展现她的专业知识和对护肤的热爱来塑造自己的形象。如果她在直播中不仅分享自己的护肤心得，还能用科学依据支持自己的观点，观众自然会对她产生信任感。在这样的氛围下，销售的产品更容易被观众接受。

举个例子，一位知名的护肤主播在直播中详细解读了每款产品的成分，并结合自己的亲身体验，讲述了这些成分对皮肤的好处。她的专业知识和真诚分享，使得观众不仅仅是在观看一场直播，而是感受到了一种深度的交流，这种人设形象在无形中增加了产品的可信度。

◆保持一致性也是人设形象的重要组成部分

无论是直播内容、互动方式还是个人风格，主播都应该保持一种风格上的一致性。这样可以帮助观众形成对主播的认知，建立起稳定的品牌形象。例如，如果一位主播在最初的直播中，以轻松幽默的风格吸引了观众，那么后续的直播中也应继续保持这一风格。若是在此过程中突然改变风格，可能会让观众感到迷惑，甚至产生距离感。

◆互动性是增强人设形象的又一关键

观众在观看直播时，往往希望能与主播产生互动，而不仅仅是被动接受信息。主播可以通过提问、与观众聊天、回应评论等方式，拉近与观众之间的距离。比如，当观众在评论区提出问题时，主播及时回答并与其展开讨论，这种互动不仅能增强观众的参与感，还能让他们觉得自己是直播的一部分。

为了提高直播的互动性，主播可以设置一些小活动，比如抽奖、竞猜等，让观众积极参与其中。这样的活动不仅能增加直播的趣味性，还能在观众心中加深对主播的印象，使他们觉得主播不仅仅是个卖货的人，而是一个可以分享快乐的伙伴。

◆利用社交媒体延伸人设形象也是一种有效的方法

主播可以通过微博、微信等社交平台与观众保持联系，分享日常生活和有趣的内容。这种延续性的互动，能够让观众觉得与主播的关系更为亲密，从而增强信任感。例如，一位知名的时尚主播通过微博分享了自己的一天，从早餐到运动，再到搭配的衣服，这样的生活分享不仅增加了她的人气，也让观众感受到她的真实与自然。

◆情感连接是人设形象的核心

主播要努力与观众建立情感上的联系，这样他们在直播时才能真正做到"心贴心"。例如，一位家居主播在直播中讲述了她和家人一起布置新家的过程，分享了其中的快乐与烦恼。这样的故事不仅能让观众产生共鸣，还能让他们在购买产品时，感受到一种情感上的认同，从而更加愿意购买。

总之，直播销售中的人设形象，是主播与观众之间建立信任的桥梁。真实自然的态度、幽默风趣的表达、与产品相符的形象、一致性、积极的互动、社交媒体的延伸以及情感的连接，都是打造成功人设形象的关键要素。

同时，主播要注重直播环境的营造。一个舒适、温馨的直播间能够让观众感受到放松，这样的环境有助于建立一种亲密感。例如，主播可以选择在家中进行直播，背景中放置一些生活的元素，比如植物、书籍等，这样的设置会让观众觉得主播像是一个真实的人，而不是冷冰冰的屏幕。观众在这样的环境中观看直播时，陌生感自然会减少，愿意与主播建立更深的联系。

当主播能够在这些方面下功夫时，观众的陌生感将不复存在，取而代之的将是对主播的深厚信任和强烈购买欲望。在这个人气与信任并存的直播时代，主播的成功与否，很大程度上取决于他们的人设形象，而这也是每位主播在直播旅程中必须时刻关注的重要课题。

第四节　信任危机的挽救措施

在商业世界中，信任是最重要的资产之一。然而，随着市场竞争的加剧和消费者信息获取渠道的多样化，信任危机的发生似乎变得愈发频繁。对于品牌而言，一次信任危机可能造成顾客流失、声誉受损，甚至影响企业的长期发展。那么，如何有效挽救信任危机，重建与消费者的信任关系呢？

信任危机挽救

建立信任并不容易，而一旦信任出现了危机，挽救它更是难上加难。

无论是因为产品质量问题，服务态度不佳，还是信息传达出现了偏差，信任危机可能随时到来。应对信任危机就像处理一场紧急医疗事故，稍有不慎，问题就可能急剧恶化。但幸运的是，信任危机是可以挽回的，只要你能采取正确的措施，就有可能在逆境中重新赢得客户的心。

接下来，通过一些真实的案例，我们将探讨有效的挽救措施。

◆案例一，快速反应：当危机来临时，不要沉默

当某品牌在一场直播中被曝出其产品存在质量问题时，品牌方迅速采取了行动。品牌的创始人立刻在社交平台上发布了公开声明，承认问题的存在并表示将全面召回受影响的产品。这样的快速反应不仅让消费者看到品牌的诚意，更展现了对问题的重视。

案例中的品牌不仅立即进行了召回，还在声明中提出了详细的补救措施，包括退款、换货以及后续的质量改进计划。这种及时、透明的沟通方式有效缓解了消费者的不满情绪。一位消费者在社交媒体上表示："品牌敢于直面问题，这让我重新考虑继续支持他们。"

当信任危机出现时，企业最应该避免的就是"拖延战术"。无论是因为产品质量问题还是服务态度欠佳，危机的苗头一旦冒出，迅速应对是最好的止损手段。客户的忍耐是有限的，企业若选择不及时回应，任由危机发展，就如同火上浇油，问题会在短时间内迅速发酵，客户的不满情绪会逐渐扩大，甚至会引发大规模的信任崩塌。

◆案例二，诚恳道歉：让消费者看到你的真心

在某次食品安全事件中，一家知名餐饮品牌因使用过期原料遭到了广泛的谴责。为了挽回信任，品牌高层在短时间内召开了新闻发布会，由 CEO 亲自出面道歉。CEO 在会上诚恳地承认错误，并对消费者表

示深深的歉意。

更重要的是，品牌不仅仅停留在口头道歉，他们还制定了详细的整改计划，包括加强内部管理、提高原材料采购的透明度等。发布会结束后，品牌在社交媒体上持续更新整改进展，定期向公众反馈。这种持续的真诚态度让消费者感受到品牌的决心，逐渐恢复了信任。

承认错误并非意味着弱势，相反，真诚的道歉可以迅速平息怒火。这里的关键在于"真诚"二字。敷衍了事的道歉不仅不能挽回信任，反而会让客户更加不满。道歉时要具体指出问题所在，并明确表态将采取哪些行动来弥补过失。

◆案例三，建立危机应对机制：未雨绸缪总比亡羊补牢强

某科技公司在一次产品发布会上，因一款新手机存在较大缺陷，引发了消费者的强烈反响。为了应对信任危机，该公司立即成立了危机管理小组，制定了详细的危机应对预案。

在随后的几周内，品牌对受影响的消费者进行了一对一的沟通，了解他们的使用体验并提供解决方案。同时，公司还通过官方网站发布了问题的详细分析和改进措施，保持与消费者的沟通。通过这种积极的危机应对机制，品牌不仅有效化解了消费者的不满，还提升了用户对品牌的忠诚度。

当然，光靠言辞是不够的，企业必须拿出切实的行动来兑现承诺。客户期待看到的是企业如何迅速弥补损失、改善服务，兑现其承诺的实际措施，而不是一连串的解释或借口。

◆案例四，举办客户反馈会：倾听是重建信任的第一步

某化妆品品牌在直播销售后，发现部分顾客对产品的使用效果表达了不满。为此，品牌决定召开客户反馈会，邀请了一批忠实用户参与，

倾听他们的意见和建议。

在会议中，品牌的产品经理认真记录每位客户的反馈，并向他们详细解释产品的成分和使用方式。同时，品牌还提供了一些改进措施，如调整产品配方、增加用户指导等。客户们在反馈会后感受到被重视，纷纷表示会继续支持品牌。这种开放的态度不仅帮助品牌收获了宝贵的用户意见，也成功修复了与消费者之间的信任关系。

处理信任危机时，沟通的重要性不言而喻。企业必须与客户保持积极的沟通，通过各种渠道倾听客户的反馈，并及时回应客户的关切。沟通不仅限于道歉，还包括持续跟进直到问题的解决。

◆案例五，增加透明度：用数据说话，消除怀疑

在某电商平台上，一款热销产品因销量激增而遭到质疑，消费者怀疑其销量真实性。为了解释这一情况，品牌决定向公众公开销量数据，并分享产品背后的生产流程和质量监控体系。

品牌在社交平台上发布了一段详细的视频，向消费者展示了产品的生产过程，并请工厂负责人进行现场解说。这种透明度的提升不仅有效消除了消费者的疑虑，还增强了品牌的信誉。一位消费者在观看视频后评论道："现在我对这个品牌有了更深的了解，信任感也随之增强。"

透明度在信任危机的处理中至关重要，客户想要知道的是问题的真相，而企业的责任就是公开事实并让客户了解应对措施。如果企业试图掩盖问题或对外隐瞒重要信息，客户就会产生更多的不信任，甚至可能导致问题升级，影响到更大范围的客户群体。

◆案例六，组织公关活动：用行动重建品牌形象

当某家电品牌因一则负面新闻遭遇信任危机时，品牌迅速策划了一场大型公关活动，以重建品牌形象。在活动中，品牌邀请了多位知名的用户和行业专家，分享他们对品牌产品的真实体验和使用效果。

活动现场还设置了产品体验区，让消费者亲自试用品牌的最新产品。通过这样的活动，品牌不仅展示了产品的优质性能，还通过真实的用户反馈打消了消费者的顾虑。一位现场观众表示："体验过之后，我觉得这个品牌值得信赖！"

◆案例七，利用社交媒体：与消费者保持互动

在信任危机发生后，品牌可以利用社交媒体与消费者保持互动。某家运动品牌在经历了一次产品质量投诉后，积极在微博等平台上与消费者沟通，实时回答他们的问题。

品牌还邀请了一些知名的健身博主分享使用体验，通过他们的影响力来传递品牌的正面形象。这种策略不仅增进了消费者与品牌之间的互动，也让消费者感受到品牌的透明与诚恳。一位消费者在看到博主的分享后表示："我相信这个品牌会解决问题，我会继续支持他们。"

此外，补偿措施也是挽救信任危机的一部分。虽然金钱无法完全弥补客户失去的信任，但合理的补偿能够展示企业的诚意，减少客户的愤怒。补偿不一定要多么丰厚，但一定要有针对性，让客户感受到企业愿意为错误负责。

信任危机并不可怕，关键在于如何应对。通过快速反应、诚恳道歉、建立透明机制等措施，品牌能够有效挽回消费者的信任。信任的重建不是一朝一夕的事情，需要品牌在实践中不断努力，真诚对待每一位消费者。

第四章
心理篇——不买就是吃亏

在销售的世界里，心理学的力量不可小觑。消费者的购买决策常常受情感、认知和潜意识的影响，这意味着吃透客户的心理和需求，能够帮助我们更有效地推动销售。因此，本章将深入探讨如何利用心理学原理，塑造消费者的购买行为，创造出一种"错过即损失"的紧迫感。

"不买就是吃亏"这一概念不仅反映了客户的选择心理，更是销售策略中的一项核心原则。当客户感到某项产品或服务会带来独特的价值时，他们更有可能做出购买决策。如何巧妙运用稀缺感、时效性和后悔心理等策略，激发客户的购买欲望，将是重中之重。

我们将探讨如何通过限量发售、特价促销、时间限制等手段，营造出一种"错过就会后悔"的氛围，让客户在潜意识中产生紧迫感。这种心理驱动不仅能够提升销售业绩，还能促进客户对产品的认同感和归属感。当客户意识到可能错失良机时，他们的决策会变得更加果断。

第一节　机会不等人，帮客户做决定

在商业的世界里，"机会"就像那闪烁的霓虹灯，一闪而过，错过了就再也不回头。对于消费者而言，这种机会往往伴随着种种诱惑——限时折扣、季末清仓、最后一件特价商品……一旦犹豫不决，或许就会陷入"后悔药"的痛苦中。因此，作为销售人员，如何帮助客户及时做出决策，抓住这些稍纵即逝的机会，成为了一项重要的技能。

理解消费者的心理

首先,我们必须认识到,消费者在面对选择时,常常会陷入选择恐惧症的泥潭。根据心理学研究,面对过多的选择,人们往往会感到不知所措,导致决策的延误。在这种情况下,作为销售人员,如果能够及时提供专业的建议,帮助客户厘清思路,将有助于促成交易。

接下来,我们将分析一些实用的技巧步骤:

◆第一步:创造紧迫感

人类天性中有一种对"稀缺"的反应——当某样东西显得稀缺或有限时,立刻会变得更有吸引力。你可能听过这样的销售话术:"今天只剩最后两件了!"或者"这个优惠只持续到今晚12点!"这就是利用了消费者对机会的恐惧——错过了就再也没有了。这种心理叫做"FOMO",即"害怕错过",它是销售中最强有力的武器之一。

你可以通过制造紧迫感,帮客户打破犹豫的心态。比如,设定时间限制、库存限制,或者强调优惠的唯一性,让客户觉得如果不抓紧这次机会,可能真的会"吃亏"。但请注意,紧迫感的制造要合情合理,不能为了销售而让客户感到被欺骗,否则可能会适得其反,导致信任危机。

◆第二步:提供选择,但要有限制

帮客户做决定并不是要强迫他们购买,而是给他们足够的信息和适当的选择,减少他们的困惑。许多时候,客户陷入"选择困境"——选择越多,越难做决定。这种现象有个术语叫做"决策瘫痪"。因此,最好的做法是限制客户的选择范围,不要让他们感到眼花缭乱。

举个例子,如果你在销售不同类型的智能手机,告诉客户"这里有 20 款不同的手机供你选择"远不如说"这两款是今天最热门的，分别有 ×× 和 ×× 功能，你可以根据自己的需求进行选择。"这样不仅帮助客户简化了决策过程，还让他们觉得自己做的选择是经过充分考虑的。

◆第三步：强调"价值"，而非"价格"

当客户纠结于购买与否时，往往会把焦点放在价格上。如果你不能有效地帮他们转换视角，价格就会成为阻碍他们购买的最大原因。因此，作为销售员，帮客户做决定时，最重要的是让他们意识到产品或服务的"价值"远远超过其价格。

如何做到这一点？首先，你要明确产品能够解决客户哪些具体问题，或满足哪些需求。然后，用一种"未来思维"去引导客户，想象购买后的生活场景。例如，如果你在卖一款健身器材，你可以让客户想象"使用这个器材几个月后，体型变得更加健美，精神焕发"，而不是只让他们盯着产品的价格标签。这样，客户自然会觉得这笔投资是值得的，他们会意识到：不买，才是最大的"亏"。

◆第四步：给客户一条退路

即使在做决定时，人们还是会感到不安。因此，帮客户做决定的另一个技巧是给他们一条"退路"。这条退路可以是一个"满意保证"或"无理由退货政策"。当客户知道自己有退货或退款的选项时，他们的焦虑感会大大降低，这样的"后备计划"让他们感到更放心。

例如，某些电商平台的"无理由退货"政策，给了客户极大的安全感。他们不再担心买到不合适的产品，因为即使买错了也可以退货。这种"零风险"的承诺让消费者的决策变得更加轻松，帮助他们更快做出购买决定。换句话说，帮客户做决定时，不妨为他们留下一些"弹性空间"，他们会更愿意去做出那个决定。

◆第五步：用案例和见证打消疑虑

有时客户犹豫不决是因为缺乏信任，他们不确定这个产品或服务是否真的能满足他们的需求。这时候，展示其他客户的成功案例，或使用见证可以非常有效地帮他们打消疑虑。客户更愿意相信其他消费者的真实反馈，而不是销售员的自卖自夸。

举个例子，假设你在推销一款护肤产品，客户可能担心效果不如预期。这时，你可以拿出其他顾客的使用反馈，展示他们的皮肤改善情况，这样客户会觉得更加放心。

◆第六步：正向引导，塑造"购买者"身份

客户在做决定时，除了在理性层面考虑价格、价值等因素，感性层面的归属感，以及身份认同也起着至关重要的作用。你需要让客户相信，做出购买决定不仅仅是获得某样商品，而是进入了一个全新的群体或生活方式。塑造他们的"购买者"身份，能够在情感上拉近他们与产品的距离。

例如，假如你在卖一款高端咖啡机，客户犹豫不决。你可以引导他们想象成为"手工咖啡爱好者"的场景，描述拥有这款咖啡机后他们将如何享受每日自制咖啡的乐趣，甚至成为朋友中炙手可热的"咖啡专家"。

◆第七步：利用"心理账户"理论让客户轻松买单

在经济学中，有一个概念叫"心理账户"，即人们会将自己的支出分为不同的类别，并且对这些类别的支出容忍度不同。例如，很多人会觉得在奢侈品上花钱是浪费，但在教育、健康等领域的投资则显得更有价值。因此，作为销售员，你可以通过帮助客户"重新分类"他们的支出，让他们更容易接受购买行为。

例如，你可以强调某件商品在客户日常生活中的长期使用价值，暗示它是一种"投资"，而不是一次性消费。这样，客户就不会再觉得这笔支出是一种浪费，而是合理的投资。

◆第八步：做出承诺，让客户放心

当客户觉得自己正在做出一项重大决定时，他们通常会犹豫，因为他们害怕犯错，害怕承担后果。因此，销售员可以通过明确的承诺来打消客户的担忧，让他们放心购买。例如，你可以承诺产品的质量保证、后续服务支持，或者提供详细的使用指导，确保客户感到安心。

承诺的形式可以多种多样，具体取决于你所销售的产品或服务。例如，如果你在卖一款复杂的电子产品，客户可能会担心自己不懂如何使用，这时你可以承诺提供一对一的售后指导服务，帮助他们快速上手。

总的来说，帮客户做决定并不是"替"他们做决定，而是通过引导、提供信息、减少选择压力等方式，帮助他们快速清晰地意识到自己真正需要什么，进而做出购买决策。这不仅需要销售员的技巧，更需要对客户心理的深刻理解。

第二节　稀缺感让客户觉得产品更有价值

在商业世界中，稀缺感是一种非常有效的心理策略。我们常常听到一句话："越是稀缺的东西，越是珍贵。"这不仅适用于艺术品、古董，甚至在日常生活中，商家也常常通过制造稀缺感，来提升产品的价值与吸引力。那么，稀缺感到底如何影响消费者的决策？让我们通过几个真实的案例来深入探讨这个话题。

读懂稀缺心理

稀缺感基于心理学中的"稀缺性原理"，当人们认为某种商品数量有限时，他们的渴望会急剧上升。研究显示，当消费者意识到某个产品"只剩下最后几件"时，他们的购买欲望会显著增强。换句话说，稀缺性激发了消费者的竞争心理，使他们更加想要拥有该产品。

例如，某知名电商平台在双11促销期间，推出"限量秒杀"环节。每个商品在开卖后都会显示"仅剩3件"的字样，这样的提示让无数消费者争相抢购。即便是原本打算再考虑一下的顾客，看到数量如此稀缺时，最终也会选择下单。这样的案例在市场上屡见不鲜，足以证明稀缺感的威力。

诱人的"最后机会"

我们经常在广告中看到诸如"限量款""库存告急""最后一天优惠"等字眼。这些信息直接作用于消费者的大脑,让他们产生一种紧迫感,觉得不买就会"吃亏"。这种感觉非常强烈,甚至会让消费者忽略产品本身的实际需求,而仅仅因为害怕错过而购买。那么作为销售人员,可以通过以下方式实现:

◆限量产品的神秘力量

当客户看到"限量发售"这四个字时,大脑会立即做出反应:这东西不是谁都能买到的!心理学家把这种现象称为"获得效应"——人们会对那些看起来很难得到的东西产生更强烈的欲望。

想象一下,你走进一家高档手表店,销售人员告诉你这款手表是全球限量100枚的特别款。即便你原本没有买表的打算,此时也很可能会开始犹豫。这是因为你突然意识到:如果不马上买下这款表,可能就再也没有机会拥有它了。限量版让客户觉得自己买的不是一件普通商品,而是一个"特别机会"。

因此,作为销售员或者营销策划者,你可以通过限量发售的方式,制造一种产品的"神秘感"和"稀缺性"。但需要注意的是,限量并不等于虚假宣传。

◆制造时间紧迫,用期限来加快决策

除了限量发售,另一种常见的制造稀缺感的方式是设置购买期限。无论是电商平台的"限时秒杀",还是实体店的"周年庆特惠",这些都是典型的通过时间来制造紧迫感的方法。给客户一个明确的时间期限,可以有效加速他们的决策进程,因为人们的天性是拖延——如果没有时间限制，他们可能永远都不会下单。

然而，时间限制必须真实有效。消费者对虚假紧迫感非常敏感，如果他们发现"今天最后一天"的优惠在下周还能享受，那么这种紧迫感就会失效。

◆动态显示剩余数量

还记得那些在线购物平台的库存显示吗？"仅剩5件""库存紧张"这样的提示能够迅速激发客户的购买欲望。即便他们之前并没有那么急迫，看到这种信息后，突然就有了一种危机感，仿佛再不下手这件商品就会被抢光。这就是动态库存显示的魔力所在，它通过不断变化的数字，时刻提醒客户：机会越来越少。

这种策略在电商平台上被广泛使用，尤其是在打折促销期间。通过在商品页面上实时更新库存数量，你可以让客户直观地感受到其他消费者也在争抢这件商品，从而加剧他们的紧迫感。

◆限定销售区域或资格

稀缺感不仅可以通过数量和时间来制造，还可以通过"区域限制"或"资格限制"来实现。让某些商品或服务仅限于特定区域销售，或者只对特定人群开放，能够让那些不在"限制"范围内的客户，产生强烈的羡慕感，从而更渴望获得。

例如，某些奢侈品牌会推出"会员专享款"或者"VIP客户特惠活动"，这些商品并不向大众开放，只对特定客户群体出售。这种排他性不仅能增加客户的尊贵感，还能让那些没有资格购买的人更加想要拥有，进而通过注册、成为会员等方式进入到"有资格购买"的行列。

◆通过合作营销增加稀缺感

稀缺感的制造不仅限于单一产品或服务，它还可以通过品牌合作、跨界营销来进一步强化。例如，某些品牌会和明星、设计师合作推出限量联名款，这类商品因为"独家合作"的背景，通常自带稀缺光环。通过与知名人物或其他品牌联手，产品可以在短时间内吸引大量注意力，并激发客户的购买欲望。

以运动鞋品牌为例，限量版的明星联名款往往在一推出时就被抢购一空，甚至在二手市场上价格飙升数倍。消费者并不仅仅是为了鞋子本身而买单，而是因为他们想要拥有某种"独特体验"，觉得自己是这个合作产品的一部分。所以，跨界合作和联名款的关键在于制造稀缺感，并让客户觉得这是一次难得的机会。

◆用社会证明的力量展示购买者的行为

除了上述的策略，制造稀缺感的另一大有效方式是利用"社会证明"。人类是群体动物，往往会根据其他人的行为，来判断某样商品的价值。如果一件商品被很多人抢购或者讨论，消费者自然会认为它具有更高的价值，并且害怕自己错过这个"流行趋势"。

这就是为什么很多电商平台会显示"××人已购买"或者"××人正在浏览此商品"的提示。这些信息向客户传递出一种信号：大家都在抢，你是不是也该行动了？社会证明不仅能增加商品的可信度，还能通过制造稀缺感，迫使客户迅速做出决策。

◆稀缺感的道德边界

虽然稀缺感是一个非常有效的销售策略，但它的使用需要遵循一定的道德边界。虚假宣传、过度夸大或者制造无谓的紧张感，可能会导致客户的不满,甚至引发信任危机。因此,在使用稀缺感时,必须保证信息的真实性,并确保客户在购买过程中感受到的压力是适度的,而非被强迫的。

举个例子,如果你承诺某商品只在限量期内销售,但后来又继续生产并销售相同产品,客户会觉得自己受到了欺骗。因此,稀缺感的使用需要建立在真实的基础上,才能持续为品牌增加价值。

总之,抓住稀缺心理的巧妙运用,无疑将为商业机会的创造打开一扇新的大门。正如一句广告语所说:"珍惜你手中的机会,因为它们是独一无二的!"

第三节　不买可能会后悔,怎么说合适?

销售过程中,如何让客户意识到"错过就会后悔"是一门艺术。如果用力过猛,可能会让客户感到被施压,反而失去购买欲望;用力不足,则可能让客户轻松走开,丢失潜在订单。因此,巧妙地运用话术和技巧,让客户产生适度的紧迫感,同时又不至于产生反感,是每一个销售人员需要掌握的技能。

后悔效应的心理基础

人类天生有一种心理机制,叫做"后悔偏差",意思是我们倾向于高估错过某些机会后会产生的后悔感。很多人可能在购物后会产生

"买了会后悔"，因为担心错过可能的好机会，所以我们常常会在犹豫不决中，选择了购买。

"后悔"，其实是一个非常有力的心理杠杆，它可以激发客户的"损失厌恶"心理。简单来说，人们害怕损失的感受，远远强过对获得收益的喜悦。因此，如果你能让客户意识到，不买这个产品可能会损失什么，后悔的情绪就会逐渐取代他们对价格，或其他购买障碍的顾虑。

要让顾客感到"不买可能会后悔"，首先要理解这种心理背后的机制。顾客往往害怕在未来某个时刻发现自己错失了一个好机会，这种错失可能是价格、产品功能、独特性或者某种特殊的购物体验。

◆物以稀为贵

人类天生对稀缺事物有种莫名的向往。心理学家研究发现，稀缺性能够让人们对产品产生更强的购买欲。当你告诉顾客某款产品的库存有限，或是某项优惠活动即将结束，客户潜意识里会觉得"现在不买以后可能就没了"，这会大大增加他们立即购买的几率。

引导示范："我们这款产品只剩最后三件了，卖完就没有了哦，等您再回来可能就真的没有了。"

技巧：合理设置限量和限时活动，但不要过度滥用，否则容易被顾客看穿。关键在于真诚，并提供足够的证据来支撑"稀缺性"的说法，比如显示实时库存或倒计时。

◆大家都在买，我不能落后

社会心理学表明，人们往往会根据他人的行为来判断某件事物的价值。也就是说，如果顾客看到很多其他人都在购买某个商品，他们也会觉得自己不应该错过，否则可能会后悔。

引导示范:"这款产品最近特别受欢迎,今天已经卖出了500件,您不试试可能会错过哦!"

技巧:在销售过程中,不妨通过一些真实的购买数据或者客户评价,来加深顾客对产品的信任感。记住,社交证明越真实,顾客的购买冲动越强。

◆以后可能更贵,别等错过

未来的不确定性也会影响客户的购买决策。人们会担心,如果现在不买,将来可能会错过这次低价或者优惠,甚至可能错过一个更好的升级版产品。因此,在销售过程中,适当地引导客户思考未来的可能变化,能够刺激他们当下做出决策。

引导示范:"这款产品下个月可能会涨价,现在买真的是最划算的时候。"

技巧:制造"即将改变"的预期,比如价格上涨、优惠结束、新款发布等,都是让客户尽快下单的有效手段。但务必要真实,不要为了促单而虚假宣传。

利用语言的技巧说服客户

虽然"错失恐惧症"是一个强大的工具,但它需要小心使用,不能显得太过强硬。客户讨厌被迫做出决定,所以在运用这些技巧时,语言必须自然且真诚。如何恰到好处地让顾客意识到"不买可能会后悔"呢?

◆暗示式推销——不直接,但有力

最有效的方式常常不是直接告诉顾客"你会后悔不买",而是通过巧妙的语言让他们自己得出这个结论。通过问一些开放式问题,引导他们思考未来的可能情况。

引导示范:"您觉得这样的优惠活动还会持续多久呢?"或者"您觉得以后还有机会再看到这样的价格吗?"

技巧:提问是一种非常有效的方式,能让顾客自己思考并给出答案。让他们自己感受到可能错失机会的危机感,而不是你直接告诉他们。

◆情景化描述——让顾客看到"后悔的自己"

有时候,一个形象的场景比任何推销话术都管用。通过描绘一个未来的场景,帮助顾客想象如果错过了这次购买,他们可能会有什么样的感受。这种方法能激发顾客的想象力,从而让他们更愿意行动。

引导示范:"想象一下,两周后您看到这个产品价格翻倍,您会不会后悔今天没入手呢?"

技巧:使用情景描述时,保持轻松的语气,像朋友聊天一样,不要让顾客觉得你在故意制造焦虑。让他们觉得这个场景是自然而然的可能性,而不是销售策略的套路。

◆巧用正反面——先打消顾虑,再引导行动

很多时候,顾客犹豫不决是因为害怕做出错误的选择。通过首先承认他们的顾虑,然后再引导他们看到"错过"可能带来的后悔,能够有效地化解他们的抗拒心理。

引导示范:"我知道买东西需要多考虑,但是现在的折扣真的难得,如果不抓住,等过了这段时间就可能没了。"

技巧:通过先理解顾客的顾虑,再用轻松的方式引导他们考虑"如果错过可能会后悔",这种做法让顾客觉得你在站在他们的角度思考,而不是强行推销。

如何通过视觉和情感打动客户？

语言固然重要，但销售中的视觉和情感设计也不能忽视。我们生活在一个信息超载的时代，客户的注意力往往被各种信息分散。通过一些视觉设计和情感上的触动，可以有效激发客户的购买欲望。

◆营造紧迫感的视觉设计

使用一些视觉元素，比如限时倒计时、红色的"库存紧张"提示等，都能有效传达一种"即将错过"的紧迫感。人们看到时间和数量有限时，往往会产生一种心理压力，促使他们迅速做出决策。

引导示范：电商平台上常见的"仅剩X件""活动倒计时"效果显著。视觉上的倒计时比单纯的语言描述更具震撼力。

技巧：确保这些紧迫感的元素设计得当，不要显得太过廉价或频繁，否则会削弱其效果。适当的弹出式提醒、逐渐减少的库存数字等都能带来强烈的心理暗示。

◆触发情感共鸣的营销内容

除了紧迫感的刺激，还可以通过情感上的共鸣让顾客觉得不买就会后悔。通过情感化的营销内容，比如客户购买产品的故事、使用场景的真实感受等，能让顾客更容易产生代入感。

引导示范："很多顾客都告诉我们，他们在错过这个折扣后，看到别人用这款产品时后悔不已。我们不希望您成为下一个后悔的人。"

技巧：讲故事是触发情感的最佳方式。通过展示其他顾客的真实故事，增加产品与顾客之间的情感连接，能大幅减少他们的退缩情绪。

尽管"后悔效应"非常有力，但它的运用需要有一个"度"。过度强调客户不买会后悔，可能会让他们感到焦虑或被逼迫，反而影响决策。因此，建议在整个销售过程中适度运用这一技巧，搭配其他销售话术，比如增强产品的价值感、强调客户的实际需求等，形成一个综合的促销策略。

总之，"不买可能会后悔"的话术技巧，需要销售人员灵活运用。通过轻松自然的语气、真实可信的例子，以及适时提出的附加价值，帮助客户意识到购买的必要性，同时避免让他们产生强烈的压力感。这样，你就能巧妙地利用"后悔效应"，为销售过程加分，促成更多的成交。

第四节　打消客户退货的想法

在现代商业中，消费者的购买决策并不总是一帆风顺，尤其在网购盛行的今天，退货成了一个不可避免的话题。然而，商家如果能有效打消客户的退货想法，不仅可以减少损失，还能提高客户的满意度和忠诚度。

让客户从一开始就不想退货

要避免客户退货，最重要的就是在售前环节就做好心理铺垫。毕竟，防患于未然永远是最有效的策略。如何在一开始就打消他们"万一不喜欢我还能退"的心理呢？

那么，商家该如何巧妙应对客户的退货心理呢？让我们从不同角度分析真实的案例，了解"打消客户退货想法"的销售措施。

◆提供无忧退换货政策

许多品牌通过提供无忧退换货政策来打消客户的退货顾虑。当消费者知道他们可以在规定时间内无条件退货时，他们的购买意愿通常会显著增加。某电商平台推出的"七天无理由退货"政策，便是一个成功的案例。

一位消费者在购买了一款新手机后，因不习惯操作而打算退货。但她看到电商平台提供的无忧退货政策，心里顿时宽慰许多："只要我不喜欢，随时可以退回去，那就大胆买吧！"这种安全感使她最终决定购买，而非一味犹豫。

◆增强产品价值感

提高产品的价值感是减少退货的有效手段。当消费者觉得他们所购买的产品物有所值时，他们就不太可能选择退货。比如，一家化妆品品牌在包装和宣传中，特别强调了产品的高品质成分与独特的使用效果。

消费者小李购买了一款价格不菲的面霜，心里犹豫过："这么贵，万一效果不好，我就亏大了。"然而，当她使用后，发现肌肤状态显著改善，心中不由得暗自庆幸："虽然是买贵了，但效果真不错，我不可能退货！"

◆强调使用体验

许多消费者在购买产品前，往往会对使用体验产生疑虑。如果商家能有效展示使用体验的真实感受，将大大降低退货的可能性。某运动品牌在推出新款跑鞋时，通过社交媒体邀请用户分享自己的真实体验和使用效果，吸引了大量关注。

一位消费者在看到其他消费者的分享后，心中不禁有了信心："大家的反馈都很好，这双鞋穿起来应该很舒服，应该不会想退。"

◆个性化的客户服务

在退货问题上，个性化的客户服务也起到了至关重要的作用。当消费者遇到问题时，及时且贴心的服务，可以有效消除他们的退货想法。某家网店的客服团队，提供了针对每位客户的个性化服务。

比如，客户小张在收到衣服后发现尺码不合适，心里想着要退货。此时，客服主动联系他，询问是否需要尺码建议，并推荐了其他合适的款式。小张听了客服的建议，选择了换货，而不是退货，最终在客服的帮助下找到了适合自己的款式。

◆适时的客户关怀

在客户购买后，适时的关怀与跟进能够有效减少退货的发生。某家家电品牌在顾客购买洗衣机后，会在一周内进行回访，询问顾客的使用感受，并提供相关的使用建议。

消费者小王在购买洗衣机后，回访时表示："洗衣机刚到的时候，操作有点陌生。"客服耐心地解释了操作步骤，并提供了一些洗衣技巧。小王感到十分贴心，认为品牌关心客户，决定不再考虑退货。

◆提供多样化的购买体验

如今，消费者对产品的购买体验有了更多的要求。许多品牌通过提供多样化的购买方式，增强消费者的购物体验，减少退货的发生。例如，某家居品牌在推出新款家具时，开设了线下体验店，顾客可以亲自试坐、试用。

一位消费者在体验店内试坐了一款沙发，感到非常舒适，于是决定购买，而非在网上犹豫不决。她心想："既然已经体验过了，真的很合适，不会考虑退货。"

◆强调品牌的质量保障

在产品质量保障方面，商家通过提供质量保障承诺，可以有效降低客户的退货心理。某电子品牌在销售产品时，强调了其产品的质量保障，并提供长期的售后服务。

消费者在选择购买时，看到"质量保障五年"字样，心中暗自放心："即便有什么问题，厂家也会负责，退不退货无所谓。"

◆设计吸引人的产品包装

吸引人的产品包装不仅能提升消费者的购买欲望，还能在一定程度上降低退货率。某品牌的食品在包装设计上极具创意，采用了环保材料，并在包装上印刷了消费者的正面评价。

消费者小李在收到这款食品时，看到精美的包装与积极的评价，心中感到很满意："这个产品真的很用心，肯定很好吃，不会考虑退货了！"

◆社交媒体的力量

在这个社交媒体发达的时代，消费者在购买产品时，往往会关注他人的评价。商家通过利用社交媒体，展示用户的真实体验和评价，可以有效打消客户的退货顾虑。

某运动品牌在推出新款运动鞋后，利用社交平台进行推广，鼓励用户分享自己的使用感受。消费者小林在看到其他用户的分享后，心里产生了共鸣："大家都在称赞这款鞋，我为什么要退货呢？"

如何应对强烈要求退货的客户？

即便你做得再完美，总会有一部分客户就是"铁了心"要退货。不要沮丧，世界上没有百分之百完美的产品和服务，但你可以通过一些巧妙的方法来尽可能减少退货的影响。

◆ 倾听并安抚情绪

当客户表达强烈的退货愿望时，千万不要直接否定或与之争论。首先要耐心倾听他们的意见，理解他们的困扰，并表示愿意帮助解决问题。让客户感觉到他们的情绪得到了尊重，往往能平息他们的怒火，甚至使他们改变主意。

示范建议："您对这款产品有些不满意，我非常理解，我们非常愿意帮助您解决问题。请您详细告诉我们您的顾虑，可以吗？"

◆ 提出替代方案

如果客户对某个产品确实不满，可以尝试提出替代方案，例如调换产品、升级服务等。这种方式不仅能够减少实际的退货率，还能增强客户的体验感，避免产生"购物失败"的失落情绪。

示范建议："我们有一款升级版的器材，可能更符合您的需求。我们可以为您调换，并免去一切费用，您觉得如何？"

◆ 提供丰厚的退货政策，实际上降低退货率

这听起来有些反直觉，但事实证明，提供更加宽松的退货政策，反而会降低实际的退货率。当客户知道他们可以"无条件"退货时，往往更不会急于做出退货决定。因为他们感到更没有压力，反而会更愿意尝试产品，最终更容易留下来。

示范建议："我们提供90天无理由退货，您可以完全放心试用！"

在商业竞争中，打消客户的退货心理至关重要。通过无忧的退换货政策、提高产品的价值感、个性化的客户服务等策略，商家不仅能够降低退货率，还能增强客户对品牌的信任和忠诚。

因此，商家在设计产品与服务时，应充分考虑客户的心理需求，从而打造出令人满意的购物体验。最终，打消客户的退货想法，商家才能在市场中立于不败之地，实现可持续发展。

第五章
表情篇——读懂微表情

在沟通的艺术中，语言虽然重要，但微表情和肢体语言却往往是传递情感和信息的关键。尤其在销售领域，了解客户的微表情可以为我们提供无价的线索，帮助我们更准确地把握他们的真实感受和需求。

"读懂微表情"不仅仅是为了理解客户的情绪状态，更是为了建立信任、增强亲和力与提高成交率。微表情通常是在不经意间流露出的细微面部变化，这些变化可以透露出客户的真实想法和情感。例如，一个微微皱起的眉头可能意味着疑虑，而一抹微笑则可能传达出认同和赞赏。通过对这些信号的敏锐捕捉，我们能够更好地调整我们的销售策略，满足客户的期望。

第一节　眼神交流是最直接的信任信号

在销售过程中，眼神的作用被很多人忽视，但实际上它是拉近客户关系的"秘密武器"。一个自信、坚定的眼神，可以传递出信任感与亲和力，让客户感受到你对产品和对他们需求的重视。没有过多语言的表白，一个含笑的眼神可能比千言万语更具说服力。而一旦掌握好这个技巧，不仅能提升客户的信任度，甚至还能巧妙地推动成交。那么，销售中到底如何运用好眼神的力量呢？接下来，将探讨这个看似微妙却重要的细节。

眼神——销售中的"秘密武器"

眼神交流在销售中扮演了许多角色,甚至可以说是影响客户决策的"催化剂"。眼神传递的信息往往比语言更加直接和真实,特别是在客户心存疑虑的时候,一个坚定的眼神往往能让他们更加安心。

◆ 展示你自信的眼神

在销售中,在向客户介绍商品时候,一个"我很自信"的眼神能让他们感到,你不但对产品有信心,也会对他们负责任。可以说,眼神就是销售人员和客户沟通时的一道"绿色通道",能更快建立信任。

有个经典的销售案例提到,一个年轻销售员接待了一位来店里咨询的客户,这位客户眼神四处游离,似乎在犹豫是否要购买。销售员注意到这个细节,在给客户展示产品时,每隔几秒就会微微一笑并注视对方。最终,客户不仅买了产品,还表示对销售员的服务非常满意。原来,销售员通过眼神传递了对产品的信任和真诚,打消了客户的顾虑。这就是眼神的力量——无声却有力。

◆ 让客户看见你的专业

自信的眼神在销售中非常重要,它不仅反映出你的专业素养,也能让客户感受到安全感。在介绍产品时,如果销售员的眼神闪躲,客户会认为对方对产品并不熟悉,甚至怀疑其能力或产品质量。但如果你的眼神专注且自信,客户更可能相信你的推荐,甚至会被你的自信所感染。

例如,在一场高端产品的推介会上,销售人员需要展示最新款的科技产品。产品价格不菲,客户自然会多加考量。这时候,一个专注的眼神显得尤为重要。在讲解时,销售员始终注视着客户,以坚定而自然的眼神回应客户的提问。这种专业且自信的眼神不仅让客户感到舒适，也打消了他们对产品的疑虑，使得整个介绍过程更具说服力，最终也成功成交。

◆适时表达真诚与关心

眼神不止一种，它可以根据情况表现出不同的情感。在销售过程中，灵活运用眼神能让客户觉得自己受到了重视。比如，客户说到自己曾经遇到过某个问题时，你的眼神中可以流露出共鸣；当客户表达对产品的喜爱或疑虑时，一个充满真诚的眼神能让客户更愿意与你分享他们的需求。眼神是销售员沟通中的"润滑剂"，让客户体验到你对他们的重视与关心。

某家电商店里，一位客户在考虑是否购买某款家电，并提到自己曾在其他品牌遇到过一些售后问题。这时，销售员没有直接辩解，而是用一种理解且专注的眼神聆听客户的经历，并不时点头表示认可。接着，销售员以一种轻松的方式表示自家品牌的售后服务，将如何有效解决类似问题。客户感受到销售员的真诚态度，认为对方是真的理解他的困扰，并最终选择了购买该品牌。

◆眼神带来的信任感

在销售过程中，与客户建立信任是关键，而眼神是构建信任的重要手段。客户在犹豫不决时，通过目光传达的信任感能让客户感到被尊重。在进行眼神交流时，要让客户感受到你是真诚而可靠的朋友，而不是只想推销产品的陌生人。

有一个著名的销售场景，一位资深销售员在推销保险时，并没有急于谈及保险本身的优势，而是与客户进行了真诚的眼神交流，表达对客户家庭的关心与理解。他用温暖的眼神和客户交流，特别是在客户提到家人时，销售员的眼神中流露出关心与体贴。客户最终签下了保单，后来还成为了该公司的忠实客户。眼神在这个过程中成为了一座桥梁，让客户觉得自己与销售员之间有着深厚的关系，而非单纯的买卖关系。

◆眼神与身体语言的结合

眼神虽然是重要的工具，但如果能够与身体语言结合使用，其效果会更佳。比如在销售过程中，销售员可以通过自信的眼神和开放的手势向客户传递信息，展示自己的真诚。眼神和身体语言的结合不仅可以缓解客户的防备心理，还能增强沟通的亲和力。销售中，很多客户会本能地关注销售员的肢体语言，而眼神正是肢体语言的核心部分之一。

假设你正在推销一款新型的健身设备，对方可能担心设备的质量或效果。此时，除了用充满信心的眼神注视客户外，销售员还可以展示设备的功能，甚至做些简易的示范。同时，保持开放、轻松的姿态，用自然的眼神交流让客户更容易接受和信任你。客户在这种轻松自然的氛围下，购买意愿也会大大增强。

◆避免不恰当的眼神行为

当然，眼神使用得当能带来销售奇效，但使用不当也可能起到反效果。如果你在推销高科技产品时，面对客户的提问眼神游移，这会给客户留下"心虚"的印象，仿佛在回避产品的某些缺点。所以，避免眼神游移，展现坚定、真诚的眼神尤为重要。

★在销售过程中,避免出现以下几种眼神行为:

眼神游移:当客户在询问产品细节时,销售员眼神飘忽不定,客户会觉得你缺乏信心或不够专业。

凝视过久:长时间不眨眼地盯着客户,可能会让客户感到不适,甚至觉得你在"监视"他们。

忽视眼神交流:与客户沟通时,缺少眼神交流会让客户觉得自己不被重视,从而对你的推荐产生怀疑。

销售中的眼神交流是一门艺术,既需要技巧,也需要根据客户的反应灵活调整。眼神是拉近与客户距离的利器,它能传递出信任、自信和关怀,让客户感受到你对他们的重视。在销售过程中,通过适时的眼神交流,可以帮助销售员更好地了解客户需求,增进客户关系,从而提升销售效果。

掌握好眼神对销售的影响,别忘了在每次销售中带上你最真诚的眼神,给客户留下深刻的印象。毕竟,销售的核心在于让客户信任和理解你的价值,一双会"说话"的眼睛便是你最好的助手。

第二节　通过肢体语言展示自信

在销售中,肢体语言是一种强有力的无声沟通工具,不仅能让客户感受到你的专业和自信,更能在潜移默化中建立信任。销售人员通过恰当的肢体语言,可以有效传递自信和从容,让客户在无意识中被吸引，感受到你的真诚和可信度。

让客户一眼看到专业

肢体语言和言语一样，能影响客户的观感，潜移默化地引导客户关注你的产品和服务。一个自信的姿势、合适的手势和真诚的微笑，往往比长篇大论更具说服力。下面，我们将详细探讨销售人员，如何运用肢体语言来表现自信，并通过案例说明肢体语言在销售中的重要作用。

◆站姿：稳如磐石的自信

站姿是销售中展示自信的第一步。一个稳健的站姿，不仅表现出销售人员的从容，也让客户觉得你可靠。在与客户沟通时，站姿应当稳固且自然，双脚分开与肩同宽，肩膀放松，自然垂下双臂，给人一种稳定的感觉。避免来回晃动或紧张地交叉双臂，这些姿势可能传达出焦虑和不自信。

案例：一家家居店的销售人员在向客户介绍产品时，始终保持挺拔的站姿，面带微笑地与客户交流。他的站姿展示出自信，使得客户很自然地专注于他的讲解，且更愿意聆听产品的细节。客户最后决定购买产品，因为他从销售员的自信中感受到了专业性和诚意。

★技巧提示：

保持站姿的稳固和自然，避免频繁的调整和晃动。

双手自然下垂或置于身体前方，不要交叉双臂或背手。

◆手势：自信的"无声语言"

手势是肢体语言的"调味品"，合适的手势不仅能够增加表达的清晰度，还能传达自信和真诚。适时的手势可以将你的解释更形象地展示给客户。例如，介绍产品的尺寸或质量时，用双手比划出产品的大小或重量，能够让客户直观地理解你的意思。关键是手势应自然且适度，避免过于夸张或无关的动作。

案例：某服装店的销售员在介绍新款外套时，用手势展示了外套的长度、材质及款式亮点。他的手势与讲解配合默契，让客户一眼就抓住了产品的特点。客户被这种充满自信且轻松的表达方式所打动，愉快地购买了这件外套。

★技巧提示：

使用开放性手势，避免紧张地握拳或过多的手势。

比如描述产品特性时，用手势指向产品的关键部位。

◆面部表情：传递自信与热情

在销售中，面部表情往往是客户是否信任你的关键因素之一。保持微笑是一种简单而有效的肢体语言，能够让客户感受到你的友善和热情。除此之外，在与客户讨论产品时，保持自然的面部表情，尤其是眼神的真诚，能让客户感觉到你的专业态度和真诚。

案例：在一次汽车推销活动中，一位销售人员对客户展示新车型时，始终带着温和的微笑。他的微笑不仅缓解了客户的紧张情绪，还让整个交流过程更加愉悦。客户在他的微笑感染下，感到更加轻松，对产品的信任感也随之增强，最终决定进行试驾。

★技巧提示：

面带微笑，目光柔和，避免表现出冷漠或不耐烦。

保持面部放松，眼神应专注而不显得紧张或僵硬。

◆与客户保持适当距离：营造舒适的交流空间

与客户交流时，适当的距离是让对方感到舒适和尊重的关键因素。适当的空间感能传递出你的从容和自信，同时让客户感受到安全感。如果距离过近，客户可能会感到被侵犯，过远则显得疏离。保持一个适当的距离，既可以营造一个亲切的氛围，又可以展示出你尊重客户的个人空间。

案例：某家居品牌的一位销售员在接待客户时，注意保持一个适当的距离。当客户俯身查看沙发时，销售员则稍微退后一步，给客户留下空间，让客户感到自由和舒适。客户被这种自然的礼貌所打动，更愿意长时间留在店内，并最终购买了产品。

★技巧提示：

与客户保持约一臂的距离，让客户觉得轻松和舒适。

若客户表现出退后的肢体语言，应及时调整距离，避免强迫性靠近。

◆微笑：让客户在温暖中接受产品

微笑是最具感染力的肢体语言。它不仅能带来温暖和亲切感，还能传达出销售人员对产品的热爱和对客户的尊重。在销售的过程中，一个自然的微笑胜过长篇大论，能让客户更易接受你传达的信息。微笑也是信任的催化剂，能够瞬间拉近客户之间的距离。

案例：一位电器销售员在介绍洗衣机时，始终带着温暖的微笑。客户在询问产品功能的同时，注意到销售员的微笑，让她觉得这个产品和推荐都值得信赖。销售员以微笑展示了他对产品的信心，让客户感到放松，最后愉快地完成了交易。

★技巧提示：

微笑应当自然，不宜过于僵硬或频繁，给人感觉轻松即可。

遇到客户的疑问或犹豫时,微笑回应,能够缓解他们的焦虑情绪。

◆ 与客户同步肢体语言:建立信任和共鸣

一种深层次的沟通技巧是"肢体语言同步",即通过轻微模仿客户的肢体语言来建立心理上的共鸣。当客户放松时,你也适当地调整姿态,表现出类似的放松状态,这种微妙的肢体语言同步能够让客户感到你们之间的关系更加亲密。这并不是机械地模仿客户,而是通过自然的身体语言流露出与你的专注和在乎。

案例:一位高级珠宝销售员,注意到客户在浏览钻戒时倾向于斜靠柜台。销售员适时调整站姿,略微向前靠近柜台,与客户产生了同步的姿态。这种自然的"同步"让客户感受到两人之间的默契,减少了拘谨感。最终,客户觉得销售员体贴且可信,放心地进行购买。

★ 技巧提示:

留意客户的肢体语言,在适当时候调整你的姿势,建立"肢体语言同步"。

保持自然,不要过于刻意或夸张地模仿。

◆ 结束姿态:自信地迎接每一次道别

销售的最后一环是结束对话,即便成交未果,销售人员的结束姿态依然至关重要。保持礼貌、积极的肢体语言,例如自然的握手或微笑道别,能够让客户感受到你的专业和尊重。即使未能立即促成交易,一个充满自信的结束姿态也会为将来的机会埋下种子。

案例:一位房产销售员在未能成交的情况下,依旧保持着微笑与客户道别,并轻轻握手表示感谢。虽然客户当天未签约,但被销售员的体贴和专业打动,最终在第二次接触时选择了这位销售员的服务。

★技巧提示：

道别时保持微笑，适时的眼神接触，表现出对客户的尊重和感激。若适合，可以用轻轻握手或道别语，让客户感受到真诚的关怀。

肢体语言是一种无需言语的"销售利器"，可以通过姿态、手势、面部表情、距离、同步等细腻的表达方式传递出自信和专业。销售中自信的肢体语言不仅可以让客户感到舒适，还能在潜移默化中建立信任。善用肢体语言，可以帮助你在客户心中建立可靠的形象，赢得更多的销售机会。

记住，自信是一种"无声的语言"，当你把这些肢体技巧运用得自然、流畅，你的销售力将无形中得到提升。

第三节 一个真诚的微笑胜过千言万语

销售中，一个真诚的微笑就如同打开沟通之门的"万能钥匙"。它不仅能让客户瞬间放松，还能传达出销售人员的自信与友善。微笑在销售中的力量常常被低估，但事实上，微笑比一串华丽的说辞更具说服力。在这篇中，我们将一一探讨微笑在销售中的重要作用，举例说明它如何帮助销售人员赢得客户的信任。

销售中的微笑技巧

微笑在销售中的作用不可小觑，它不仅让客户如沐春风，更是一种专业素养的体现。掌握好时机和技巧的微笑能有效加深客户印象，增强销售说服力。以下是一些通过微笑影响客户的具体技巧和方法。

◆巧用"开场微笑"——展示亲和力，化解初次见面的尴尬

一个自然且真诚的微笑能迅速消除客户的戒备心理。无论是面对面沟通还是视频通话，微笑是让客户觉得亲切的首要方式，让人瞬间放松，乐于聆听你的话。

案例：在一次产品展示会上，销售员看到一位明显紧张的客户站在角落，手里把玩着名片。她微笑着走过去，眼神温暖而友好，轻声说道："您好，我是这里的销售代表，我非常高兴能和您见面！"她的微笑传递出亲和力，客户也露出了微微的笑容，脸上的紧绷感渐渐消散，主动询问了产品的功能。通过这种开场微笑，销售员不仅化解了客户的尴尬，还拉近了彼此的距离，成功开启了沟通。

★微笑技巧：

浅笑即可：不必大笑，轻轻地微笑足以传达友善与亲和力。

保持眼神接触：微笑的同时保持适度的眼神交流，让客户感受到你的真诚。

时机：在初次打招呼和介绍自己的时候轻轻微笑，营造轻松的开场氛围。

◆"引导式微笑"——用微笑促成客户参与互动

在推介产品时，若客户显得被动或犹豫不决，微笑能为他提供一种无声的鼓励。通过微笑营造出一种轻松的氛围，客户更容易受到感染，乐于提出问题并给予回应。

案例：在一家时尚服装店，销售员正在展示一款流行的新外套，她微笑着停顿片刻，眼神扫过在场的顾客，鼓励大家尝试："这款外

套特别适合搭配牛仔裤，大家不妨试试！"她微笑着做出试穿的手势，客户们纷纷回应，几位顾客主动走向试衣间。通过引导式微笑，销售员成功提升了客户的参与感，激发了试穿的兴趣，增加了销售机会。

★微笑技巧：

微笑加小幅点头：微笑的同时轻轻点头，向客户表示理解和鼓励，暗示他"可以随意提问"。

暂停一秒：讲到某个重要点时，保持微笑，停顿一秒，让客户有机会提问或回应。

◆"转折微笑"——化解价格敏感时刻

当涉及价格或折扣问题时，客户常常表现出犹豫甚至紧张。这时，销售员的一抹微笑可以缓解他们的情绪，让他们感到被尊重。微笑不是对价格的妥协，而是表达理解，让客户觉得你在为他们考虑。

案例：一位顾客对昂贵的手机价格感到犹豫，眉头紧皱，销售员察觉后，保持微笑，轻松地说道："我完全理解，价格确实不低，但我们的产品质量绝对值得信赖。此外，我们还有灵活的分期付款选项，这样就能让您更轻松地享受这款手机的所有功能。"销售员的微笑和专业的解释让顾客感到放松，最终她决定购买手机。通过转折微笑，销售员巧妙应对了价格敏感时刻，达成了销售。

★微笑技巧：

微笑后简洁解释：带着微笑轻描淡写地解释价格优势或性价比，避免过度强调折扣或价值，让客户感受到诚意。

避免强硬：语气尽量平和，配合温和的微笑，不会让客户产生抵触情绪。

◆ "共鸣微笑"——增强与客户的情感连接

在谈话中,若客户分享一些个人经历或对产品的需求,一个真诚的微笑会让他觉得你理解他,从而拉近距离。在客户表达某种需求或困扰时,通过微笑表现出理解与共鸣,让客户觉得你站在他这一边。

案例:在一次亲子活动产品的推介会上,一位母亲分享了自己对孩子户外活动的担忧:"我总是担心他们在外面玩得太疯。"销售员微笑着点头,真诚地回应:"我也是!我有一个女儿,户外活动真的很重要,但安全也是首要考虑。"这种共鸣微笑让客户感受到被理解和支持,增强了对产品的信任,最终愉快地决定购买相关的户外装备。

★ 微笑技巧:

共情的微笑:在客户分享故事时,适时微笑,让他感到被理解。

回应与微笑结合:微笑的同时简短回应,让客户感到你的共鸣和关注。

◆ "真诚售后微笑"——售后沟通中的微笑温度

售后服务中,真诚的微笑是安抚客户情绪的利器,特别是在处理退换货或产品问题时。客户往往因问题产生焦虑甚至抱怨,微笑不仅表达了对客户的不快的理解,也能在无形中缓和紧张气氛。

案例:一位顾客因产品质量问题前来退货,售后服务员微笑着耐心倾听她的抱怨,时不时点头表示理解。她温柔地说:"我很抱歉给您带来了不便,我们会确保下次不会再出现类似的问题。"随着售后服务员微笑的温度,顾客感到受到了重视,愉快地接受了解决方案,最终决定更换为她喜欢的新款。真诚售后微笑不仅化解了潜在的冲突,还维护了客户关系。

★微笑技巧：

微笑加倾听：带着微笑耐心倾听客户的问题，适时点头，表示你理解他的困扰。

承诺与微笑结合：在表明愿意帮助解决问题时带着微笑，传达积极和责任感。

◆"点睛微笑"——关键时刻的微笑收尾

在销售结束或客户决定购买的瞬间，适时的微笑会为这次销售增添一笔难忘的"温暖记忆"，也为客户留下好的品牌印象。无论客户是直接购买还是打算回头再来，微笑的收尾都能成为对方对你和品牌的积极记忆。

案例：在与客户的最终洽谈中，当客户终于决定购买新车时，汽车销售员微笑着递上名片，眼神充满自信和温暖："非常高兴能为您服务，随时欢迎来电咨询或预约试驾。"客户感到轻松，并对销售员的专业态度深感欣赏。点睛微笑为整个销售过程留下了良好的印象，增强了客户的忠诚度，令客户考虑再次购买时优先考虑这家店。

★微笑技巧：

自然的微笑道谢：在结束对话时微笑着感谢客户，即便未成交也表示感谢，让客户感到被尊重。

轻松的微笑：不显得过分激动，而是带着真挚的微笑告别客户。

◆微笑与肢体语言的完美搭配

微笑固然重要，但若与肢体语言搭配不当，也可能造成"表情和动作不一致"的反效果。肢体语言和微笑搭配得当，更容易让客户感到销售员的真诚和专业。

案例：在家居产品展销会上，一位销售员在介绍一款新沙发时，微笑着并向前倾身，双手轻轻托起沙发的边缘，眼神热情而专注，配合生动的描述："这个沙发不仅外观优雅，坐上去简直如同躺在云朵上。"他的肢体语言和微笑传递出热情与专业，顾客感受到产品的品质与魅力，更愿意倾听和交流，最终促成了一笔满意的交易。

★微笑技巧：

面向客户：微笑时身体微微前倾，表示专注。

自然的手势：微笑的同时配合自然的手势，增加信任感。

在销售中，微笑不是简单的面部表情，而是一种沟通策略，通过巧妙运用不同情境的微笑技巧，销售员可以轻松赢得客户的信任，化解疑虑并建立良好的情感连接。真诚的微笑拉近了客户与品牌的关系，让他们对销售员和产品有更深的好感，为未来合作打下良好基础。

第四节　用"生气"肯定你的产品质量

在销售过程中，销售员的情绪往往能够直接影响客户的购买决策。而"生气"这个情绪，乍一听似乎与销售并不搭边，但在合适的时机和场合，这种情绪反而能成为你证明产品质量的利器。接下来，我们就来探讨如何在销售中"生气"地证明你的产品质量，同时为大家提供一些实际案例和实用技巧，让理论更具说服力。

"生气"是一种销售策略

在销售过程中,适度的"生气"能够成为一把利器,帮助销售员增强产品的信任感和说服力。通过恰当的情感表达,销售员不仅能够与客户建立深层次的连接,还能够有效突出产品的独特价值,激发客户的购买欲望。

◆ "生气"与情感连接

首先,我们需要明确"生气"的内涵。在销售中,"生气"不仅仅是愤怒的表现,更是一种情感的发泄。它可以是一种对客户不理解产品的无奈,也可以是对产品质量不被重视的抗议。这种情绪可以帮助销售员与客户建立更深层次的情感连接。

案例分析:愤怒的客服

某家智能家居公司的客服小李在处理客户投诉时,客户表示对家里的智能灯光系统非常不满意,认为产品质量不如预期。小李本可以平静地解释,但他选择用稍显"生气"的语气回应:"您知道吗?我们这个产品经过了3000小时的严格测试,每一盏灯都要经历无数次的开关测试,才能保证稳定性。您觉得有问题,真的是我们不愿意看到的!"这种带有情感色彩的回应,既展现了他对产品质量的自信,也让客户意识到他对问题的重视。结果,这位客户在经过进一步的沟通后,最终选择继续使用该品牌的产品。

◆ "生气"是一种强有力的说服手段

接下来,我们来看一下如何用"生气"来增强说服力。当客户对产品质量提出质疑时,销售员通过表达适当的"生气"情绪,可以有效强化自己的立场,增加客户的信任感。

案例分析：产品展会上的怒火

在一次产品展会上，某品牌的销售经理面对前来咨询的客户时，发现客户对自家新品的质疑愈发明显。客户反复提到："这产品听说有很多问题，可靠性真的能保障吗？"面对这样的质疑，销售经理不再淡然应对，而是用稍微"生气"的口吻说道："如果我们的产品真的存在这么多问题，我能拿这款产品在这里大肆宣传吗？您看看我们的荣誉墙，上面挂满了用户的好评和行业的认可！"这种情感发泄不仅让客户感受到销售经理的自信，也让他们意识到，品牌的声誉和产品质量并非空穴来风。

◆用"生气"来展示竞争力

在销售中，适当的"生气"还可以帮助销售员展现出产品的竞争力。面对激烈的市场竞争，销售员用情绪的表达来突出产品的独特优势，能够有效吸引客户的注意力。

案例分析：与竞争对手的对比

一家护肤品品牌的销售员，正在向潜在客户介绍自家产品。客户一开始表示："我听说你们的竞争对手也有类似的产品，他们的效果不错。"这时，销售员可以带着一丝"生气"的语气说："不错？你是说那些在广告中夸大效果的产品吗？我们的成分完全不同，采用的是天然植物萃取，不含任何人工化学成分。我们的客户中，有80%的人表示使用后效果更显著！"通过这种方式，销售员不仅强调了自家产品的优势，还有效地传达出品牌的自信与品质。

◆引发客户的共鸣

在销售中，"生气"不仅仅是个人情感的表达，还是引发客户共鸣的绝佳机会。当客户看到销售员对产品的热情与执着时，他们往往会被这种情感所感染，进而增强对产品的信任感。

案例分析：真实故事的力量

某家家具公司的销售员在向客户介绍其环保家具时，突然提到："我真是气愤得无以言表，为什么还有人选择那些劣质家具！我们的家具通过了严格的环保认证，绝对不会对您和您的家人造成任何危害！"这样一种"生气"的表达，让客户意识到，这不仅仅是一份销售数据，更是销售员对环保的坚定信念。客户在这种情感的感染下，更容易做出购买决定。

◆适度控制"生气"的情绪

尽管"生气"能够为销售增色不少，但过度的情绪表达可能会适得其反。在销售中，销售员需要学会控制自己的情绪，在适当的时候表现出适度的"生气"，以便让客户产生共鸣，而非感到不适。

案例分析：避免过度情绪化

在一次会议上，一名产品经理在介绍新产品时提到，曾经有客户因为小问题就要求退款。他愤怒地说："这样的客户真是不可理喻！"这种过于情绪化的表达，反而让现场的客户感到不快，并产生了对产品的负面印象。因此，销售员在表达不满时，应该控制情绪，以更建设性的方式传达信息。

★如何有效运用"生气"的技巧：

识别时机：在客户对产品表示怀疑或不满时，恰到好处地表现出"生气"。避免在客户没有表达出负面情绪的情况下主动表现出愤怒。

语气和肢体语言：配合适当的语气和肢体语言，例如加重语气或用手势强调，可以增强"生气"情绪的传递，但要注意避免过于激动，以免吓到客户。

真实的情感：让"生气"表达真实的情感，而不是故作姿态。当你真心对某个问题感到不满时，情感会自然流露，客户能感受到你的真诚。

引导问题的解决：用"生气"的方式引导客户思考如何解决问题，而不仅仅是发泄情绪。例如："我真不明白为什么大家不重视这一点，这个问题的解决方案其实很简单，我们来讨论一下吧！"

适度表达：在生气的同时，注意不要过度情绪化。适度的生气能够引起共鸣，过度则可能导致客户反感。应在愤怒中保留理智，引导客户向积极的方向前进。

在销售的道路上，情感的表达是不可或缺的，而"生气"这种情绪在合适的时机则能激发客户的关注与兴趣。在此过程中，销售员应时刻保持专业的态度，灵活地运用情感表达的技巧，确保"生气"成为推动销售的助力，而非绊脚石。通过这种方式，我们不仅能够让客户看到产品的质量，还能够让他们在温暖与信任中，愉快地做出购买决策。

第六章
售后篇——售后是新的开始

在销售的世界里，成交并不是故事的终点，而是关系的起点。这一章，"售后篇——售后是新的开始"，将为你揭示售后服务在客户关系管理中的重要性，以及如何通过优质的售后服务为自己赢得更多的机会。

许多销售人员在成功完成交易后，往往会松一口气，认为自己的工作已经结束。然而，实际上，客户对你的信任与忠诚，往往是在购买后的体验中建立的。优质的售后服务不仅能够增强客户的满意度，还能有效降低退货率，提升客户的复购率。

第一节　销售的结束是关系的开始

在现代商业环境中，销售并不仅仅是将产品交付给客户那么简单。售后服务的重要性日益凸显，客户的满意度和忠诚度在很大程度上依赖于售后体验。许多销售人员往往忽视售后服务，认为成交后就可以高枕无忧，然而，实际上这才是与客户建立长期关系的开始。

售后服务的定义与重要性

售后服务是指在客户购买产品后，为客户提供的各种支持和帮助。这包括产品的使用指导、问题解决、售后维修以及客户关系维护等。良好的售后服务不仅可以提升客户的满意度，还能促进客户的复购率，形成口碑传播，进而吸引更多新客户。

◆售后服务的核心要素：及时沟通

售后服务的首要原则是及时沟通，客户在购买后可能会遇到各种问题，此时，快速响应可以有效缓解客户的焦虑。通过电话、邮件或在线聊天工具，主动联系客户，了解他们的需求和困惑，让客户感受到关怀和重视。

例如，某家具公司在客户购买后的一周内，主动给客户发了一封电子邮件，询问产品是否满足他们的需求，并提供一些维护的小建议。这种主动的服务赢得了客户的好感，客户也因此愿意在未来的装修中继续选择这家公司。

◆售后服务的决策关键：解决问题的能力

客户在售后服务中最期待的是问题能够得到解决。因此，销售团队应当具备足够的专业知识和解决问题的能力，能够在最短时间内为客户提供有效的解决方案。比如，一位客户在使用一款厨电产品时遇到了故障，打电话给售后客服。客服快速识别了问题并指导客户进行简单的故障排查，最终发现只是因为某个小配件未插好，客服耐心地指导客户重新连接，成功解决了问题。客户非常感激，并表示愿意推荐给其他朋友。

持续的客户关系维护

销售完成后，关系并没有结束。相反，这是与客户建立长期关系的契机。定期的跟进和客户满意度调查，不仅可以获得客户的反馈，还能增强客户的忠诚度。

◆售后服务中的技巧与建议：定期回访

建立定期回访机制，询问客户对产品的使用感受和意见。这不仅可以帮助你及时发现潜在问题，还能让客户感受到你的关心。例如，可以在客户购买后一个月进行回访，询问他们的使用体验，并提供相关的使用小贴士。这一策略的成功案例来自于一家健身器材公司，他们的客服团队在客户购买后一个月内，逐一回访，了解客户对器材的使用感受，并提供专业的锻炼建议。这种做法大大增强了客户的满意度，复购率提升了20%。

◆售后服务中的技巧与建议：建立客户反馈渠道

无论是通过社交媒体、问卷调查还是客户服务热线，建立一个反馈渠道，鼓励客户分享他们的使用体验和建议。这不仅能帮助你了解产品的不足之处，还有助于增强客户的参与感。某品牌的化妆品公司，在其官网上设置了客户反馈专区，鼓励客户提交使用体验。每当客户留言后，团队都会及时回复，表示感谢并提供相关建议，这种互动不仅增加了客户的黏性，还提高了产品的改进效率。

◆售后服务中的技巧与建议：设计特别的优惠活动

为了激励客户继续购买，可以设计一些特别的售后优惠活动。例如，购买产品后一个月内，客户可以享受20%的折扣购买配件或升级产品，这样可以促进客户的二次购买。某家家电公司在节假日期间推出了"回购优惠"活动，购买后续产品可享受前一款产品金额的10%抵扣。这样的活动不仅吸引了大量回头客，还为公司带来了可观的销售增长。

◆售后服务中的技巧与建议：不要过度推销

在售后服务中，切忌过度推销，让客户感到你在强行销售。应以客户的需求为中心，提供相应的建议和帮助，让客户在无压力的环境中做出购买决策。例如，一位客户在购买高档电子产品后，售后团队并没有立即推销其他产品，而是耐心了解客户的使用习惯，提供与之相关的技术支持。客户对这种无压力的服务感到舒适，从而对品牌产生了信任，并愿意继续购买。

◆售后服务中的技巧与建议：保持专业态度

无论客户的态度如何，售后服务人员都应保持冷静和专业。在面对客户的投诉时，要耐心倾听，并给予合理的回应。过激的反应只会让问题更加复杂，妨碍良好的客户关系。比如，有位客户在购买了一款智能设备后出现了连接问题，情绪有些激动。然而，售后客服冷静倾听，询问具体情况，最终为客户提供了详细的解决方案，不仅缓解了客户的不满，还让客户感受到品牌的专业与关怀。

◆售后服务中的技巧与建议：实时更新产品信息

确保售后服务团队掌握最新的产品信息和技术支持，以便及时为客户提供有效的建议和解决方案。如果团队对产品了解不够，客户可能会感到失望，影响他们对品牌的信任。例如，某品牌的手机在发布新系统时，售后团队第一时间进行培训，确保每位客服都能熟练解答客户的疑问。这种做法不仅提高了客户的满意度，还增强了品牌的专业形象。

售后服务与品牌形象的关系

良好的售后服务不仅提升客户满意度，还能直接影响品牌形象。在客户口中，满意的售后服务往往会被视为品牌的一部分。相反，糟糕的售后体验则会迅速扩散，影响品牌的声誉。因此，企业在设计销售策略时，务必将售后服务纳入考虑。

随着科技的进步，售后服务也在不断创新。如今，许多企业利用人工智能和大数据技术来改善客户体验。比如，通过分析客户的使用数据，企业可以主动推送产品使用小贴士，甚至在客户遇到问题时，提前提供解决方案。

实际应用：

某智能家居企业通过其应用程序监测用户设备的状态，自动生成维护提示和使用建议。用户在享受服务的同时，也增强了对品牌的依赖感。举个例子，用户在使用智能灯泡时，如果发现灯泡状态异常，App会自动弹出故障解决方案并提示用户操作。通过这种智能化的服务，不仅提高了用户的使用体验，也有效减少了客户的抱怨和返修率。

在销售的过程中，售后服务是一项不可忽视的关键环节。销售的结束并不是关系的结束，而是双方建立长期合作的起点。通过有效的沟通、解决问题的专业能力，以及持久的客户关系维护，企业不仅能够提升客户的满意度，还能赢得客户的忠诚度和信任。

第二节　直播带货的售后维护

在如今的电商时代，网红主播已成为品牌营销中不可或缺的重要角色。他们通过直播的方式，与消费者建立起更为紧密的联系，迅速提升了产品的曝光率和销量。然而，在这个光鲜亮丽的背后，如何有效维护网红主播的形象，确保他们在售后服务中依然受到尊重与信任，成为了许多品牌亟待解决的问题。

直播售后维护的重要性

在网红直播带货中,售后服务是与客户建立长久关系的重要一环。想象一下,如果客户在购买后得不到及时的关怀与支持,他们的失落感和不满将直接影响到品牌的形象及未来的销售。因此,良好的售后服务不仅能提升客户的复购率,更能通过客户的口碑传播带来新的消费者。

某知名化妆品品牌在进行直播带货时,主播通过试色和试用来吸引观众,直播结束后,品牌的售后团队立即对下单的客户进行回访,询问产品使用体验,并提供专业的使用建议。这种及时的售后服务让客户感受到被重视,结果该品牌的复购率提升了30%。相反,某小型服装品牌在直播后未能及时跟进客户反馈,导致不少客户对产品不满,并在社交媒体上发帖抱怨,最终影响了品牌形象。

客户在购买后可能会遇到各种问题,售后团队应具备快速解决问题的能力,这包括对产品的深入了解和熟悉售后流程。

比如,某家电品牌在直播带货时,主播详细介绍了产品的特点和使用方法。事后,售后团队在客户购买后,主动提供操作使用视频链接,帮助客户顺利上手。如果客户在使用过程中遇到问题,售后人员可以通过远程协助的方式解决,极大提升了客户满意度。

直播售后服务不仅是解决问题,更是与客户建立长期关系的机会。通过定期回访和客户满意度调查,了解客户的需求与期望,及时调整服务策略。

比如,某食品品牌在每次直播带货后,都会通过短信或邮件的方式联系客户,询问他们对产品的看法并提供相应的食谱建议。这种持续的互动不仅提升了客户的购买体验,还增强了品牌忠诚度。

维护网红主播的形象至关重要

网红主播的形象不仅仅代表着个人,更是品牌形象的延伸。一个优秀的主播不仅能够吸引观众,更能在关键时刻赢得消费者的信任。根据研究,消费者对主播的信任度直接影响到他们的购买决策。因此,维护主播形象的工作至关重要。

◆售后服务中的形象维护策略

提升售后服务质量是维护主播形象的基础。如果售后服务质量不达标,消费者对主播的信任度自然会下降。企业可以通过以下措施提升售后服务质量:

设立专业售后团队:建立专门的售后服务团队,确保消费者的问题能够及时得到解决。一个反应迅速、专业的团队能够有效维护主播的形象。

提供多渠道沟通:为消费者提供多种售后沟通渠道,如客服电话、在线客服、社交媒体等,让他们可以方便地反馈问题。以某时尚品牌为例,他们通过社交媒体的即时回复功能,大大提升了客户满意度。

◆透明处理问题

在售后服务中,遇到问题时应采取透明的处理方式。这不仅能增强消费者对品牌的信任感,也能维护主播的形象。

诚实沟通:如果产品出现问题,要第一时间通知消费者,解释原因,并提供合理的解决方案。例如,某家家电品牌在产品出现故障时,迅速在直播间说明情况,并承诺补偿措施,受到了消费者的好评。

及时反馈:在处理消费者投诉后,要及时反馈处理结果,并感谢他们的耐心。这种做法能够有效提升消费者对主播及品牌的信任。

◆创造积极的用户体验

积极的用户体验是维护主播形象的重要环节。企业可以通过以下方式来创造良好的用户体验：

个性化服务：根据消费者的购买历史和偏好，提供个性化的推荐和服务。例如，某品牌在售后过程中，会为老客户提供专属优惠，让客户感受到独特的关怀。

惊喜回馈：在客户满意度较高的情况下，可以适当给予小惊喜。例如，某电子产品品牌在消费者完成售后反馈后，发送感谢信和小礼品，赢得了客户的青睐。

◆设立主播形象维护机制

为维护网红主播的形象，企业应建立专门的形象维护机制。包括以下几点：

制定形象标准：为主播设定明确的形象标准和行为规范，确保他们在直播和售后中始终保持良好的形象。

定期培训：定期对主播进行形象维护和售后服务的培训，提高他们的专业素养和应对能力。例如，某健康产品品牌会定期为主播进行产品知识和沟通技巧的培训，确保他们能够准确回答消费者的问题。

◆利用社交媒体维护主播形象

社交媒体是维护网红主播形象的重要平台，可以通过以下方式利用社交媒体：

及时发布正面消息：在售后服务中，若出现问题，应及时在社交媒体上发布正面消息，展现处理问题的诚意。例如，某电商平台在处理消费者投诉后，迅速发布公告，强调企业重视客户体验，增强了消费者的信任感。

分享用户好评：鼓励消费者在社交媒体上分享他们的好评，并@相关主播。这样的做法不仅能提升主播的形象，还能吸引新客户。例如，某食品品牌定期举办"晒出你与主播的故事"活动，吸引客户参与，获得了大量的用户好评。

举办互动活动：通过社交媒体举办互动活动，增加用户的参与感。例如，某时尚品牌定期在社交媒体上举办"打卡活动"，用户在购买产品后拍照打卡，成功参与的用户可以获得折扣券，这样既提升了客户满意度，又维护了主播的良好形象。

★注意事项：

1. 不要忽视客户反馈

在售后服务中，客户的反馈至关重要。应重视客户的意见和建议，及时调整策略，以免影响主播形象。

2. 避免信息孤岛

售后服务中，不同部门之间的信息沟通至关重要。确保售后团队与主播、市场营销等其他部门的信息共享，避免因信息不畅导致的形象损失。

3. 真实评价的重要性

在处理客户评价时，要坚持真实原则，避免伪造好评。真实的客户评价不仅能帮助企业发现问题，也能增强消费者对品牌的信任。

维护网红主播的形象是品牌成功的关键之一。在售后服务中，通过提升服务质量、透明处理问题、创造积极的用户体验、利用社交媒体等策略，可以有效维护主播形象，增强消费者的信任感。通过优质的售后服务，为网红主播赢得更多的好评与忠实粉丝，从而实现品牌与主播的双赢局面！

第三节　用客户的好评为你带来新客户

在商业的世界中，客户的好评就像是金矿，不仅可以提高现有客户的满意度，更是吸引新客户的最佳途径。用心的售后服务和客户体验能够让好评如潮，从而帮助企业扩大客户基础，提升品牌形象。如何通过客户的好评，吸引更多的新客户格外重要。

为什么客户的好评如此重要？

我们来聊聊客户好评的魅力所在。客户的好评不仅是对你产品或服务的肯定，更是潜在客户选择你的重要依据。根据研究显示，近90%的消费者在购买前会查看其他顾客的评价。这意味着，如果你拥有许多正面的评价，就等于为自己的品牌做了免费的广告。

以某知名外卖平台为例，他们在每笔交易完成后，都会主动邀请客户留下评价。如果客户的评价非常积极，平台会在社交媒体上进行宣传，展示客户的使用体验。这样一来，不仅增加了客户的参与感，也吸引了许多新用户加入。这就是客户好评的强大力量。

◆如何获得客户的好评？

首先要确保你的产品或服务质量过硬，这是赢得客户好评的基础。

产品质量的高低直接影响客户的满意度。比如，如果你是一家餐厅，提供的新鲜美味的食物自然会让顾客赞不绝口，而如果菜品味道一般，顾客的评价就会变得冷淡。

除了产品质量，客户体验也同样重要。你可以从以下几个方面来提升客户体验：

简化购买流程：确保客户在下单时能够快速完成操作，减少繁琐的步骤。比如，某电商平台通过一键下单功能，极大地方便了客户，客户评价自然水涨船高。

提供及时的客服支持：客户在购物后可能会遇到各种问题，如果你能及时回应并提供解决方案，就能让他们感受到你的关怀。例如，某家旅游公司在客户出行前主动联系，询问是否需要额外帮助，结果赢得了不少好评。

个性化服务：根据客户的历史购买记录和偏好，提供个性化的推荐和服务。某家在线书店会根据顾客的阅读历史，向他们推荐类似的书籍，这样的贴心服务往往能得到客户的青睐。

◆ 激励客户评价

鼓励客户留下好评是提升好评数量的有效途径。你可以通过以下方法激励客户：

优惠活动：例如，向留下好评的客户提供折扣或下次购物的优惠券。这不仅能提高客户的积极性，还能让他们感受到物超所值。

抽奖活动：定期举行抽奖活动，凡是留下评价的客户都可以参与，增加他们的参与感。

◆认真对待负面评价

负面评价并不可怕，关键在于你如何处理。对于负面评价，要及时回应，表示对客户反馈的重视。比如，某在线零售商在客户给出差评后，立刻联系客户进行沟通，了解问题所在，并给出解决方案。这样的做法不仅能挽回客户的信任，往往还会让客户重新为你点赞。

将客户好评转化为新客户的策略

◆充分利用社交媒体

社交媒体是展示客户好评的最佳舞台。通过分享客户的好评，品牌能够在更广泛的范围内吸引新客户。你可以通过以下方式实现：

好评展示：将客户的好评整理成图文并茂的海报，在社交媒体上发布，吸引潜在客户的注意。某家护肤品牌定期分享顾客的使用体验，不仅增加了品牌曝光度，还吸引了许多新客户。

用户生成内容：鼓励客户拍照分享他们的使用体验，并标记你的品牌。这样不仅能增强客户的参与感，还能为你的品牌带来更多的曝光。

◆举办线上活动

举办线上活动，如网络直播、产品推介会等，吸引客户参与。在活动中，可以邀请客户分享他们的好评和使用体验。某家家居品牌在直播中邀请满意客户分享他们的购买体验，并为参与者提供优惠券，吸引了大量新客户的关注。

◆建立口碑营销计划

制定口碑营销计划，利用现有客户的好评吸引新客户。通过建立推荐奖励机制，鼓励老客户推荐新客户。例如，某在线教育平台对成功推荐新学员的老客户提供课程优惠，这种模式不仅增强了客户的忠诚度，也吸引了新客户。

★有效管理客户好评：

定期回顾评价：定期回顾客户的好评和反馈，分析其中的共性和问题。你可以建立一个评价数据库，将客户的反馈进行分类，以便于后续改进。某化妆品品牌在每个季度都会总结客户的好评和建议，并根据反馈进行产品和服务的优化。

制定跟进计划：对于给出好评的客户，可以制定后续的跟进计划，确保他们的满意度持续提升。例如，某家电子产品公司在客户购买后的一周内，会主动发送邮件，询问使用感受和是否需要额外支持。这种关心和关注能够让客户更加忠诚。

增加互动：与客户保持互动，增进彼此的关系。在社交媒体上积极回应客户的评价和问题，展现品牌的人性化。这不仅能提升客户的满意度，还能鼓励他们分享更多好评。

★注意事项

1. 不要过度追求好评

虽然好评对吸引新客户至关重要，但过度追求好评可能导致客户反感。确保真实评价的多样性，不要只追求"完美"的评价。负面评价可以为品牌提供改进的机会。

2. 避免刷单行为

刷单行为不仅违反法律法规，还会损害品牌的信誉。因此，维护好评的真实性和透明度，注重客户的真实体验。

3. 不要忽视售后服务

售后服务在获得客户好评中起着至关重要的作用。确保在产品售出后继续提供优质的服务和支持,这样才能赢得客户的信任。

客户的好评是品牌最宝贵的财富,它不仅能提升客户的满意度,还能吸引新客户的加入。在提升产品质量、优化客户体验、激励客户评价、利用社交媒体等方面下功夫,品牌才能够将客户的好评转化为吸引新客户的强大动力。赢得客户的心并不难,只要你用心服务,他们的好评自会随之而来。

第四节 销售的真谛是"服务"

在现代商业环境中,销售的真谛早已超越了简单的买卖交易。越来越多的企业意识到,销售的核心其实是"服务"。服务不仅仅是对客户需求的响应,更是与客户建立长期关系的桥梁。那么,如何在销售中落实这一理念呢?接下来,我们将从多个方面深入探讨服务在销售中的重要性。

服务是销售的基石

在讨论服务的重要性之前,我们首先需要明确一个概念:服务是销售的基石。没有良好的服务,销售将会变得苍白无力。

◆培养服务意识

提升销售团队的服务意识是关键。每一个销售人员都应认识到,服务是他们工作的核心。

培训与教育:企业可以定期组织培训,帮助销售人员理解服务的重要性，分享成功案例，鼓励他们在实际工作中应用这些经验。

树立榜样：公司高层应以身作则，通过实际行动展示服务至上的理念，激励团队成员积极响应客户的需求。

◆了解客户需求

在销售过程中，真正了解客户的需求是提供优质服务的基础。销售人员要主动与客户沟通，了解他们的真实想法。

建立客户档案：通过客户反馈、历史购买记录等信息，建立详细的客户档案，帮助销售人员更好地理解客户的喜好和需求。

使用问卷调查：定期进行客户满意度调查，收集客户的意见和建议，以便及时调整服务策略。

◆个性化服务

个性化服务是提升客户体验的重要手段。销售人员可以通过以下方式为客户提供更具针对性的服务：

推荐产品：根据客户的购买历史和偏好，向他们推荐相关产品。例如，某家健身器材公司根据客户的锻炼习惯，主动推荐适合的健身产品，大大提升了客户的满意度。

定制服务：针对不同客户的需求，提供定制化的服务。例如，某奢侈品品牌为高端客户提供私人顾问服务，根据客户的个人品味进行产品推荐。

◆优质服务的实用技巧：积极倾听

在与客户沟通时，积极倾听是展现服务意识的重要环节。销售人员应注意以下几点：

认真记录：在与客户沟通时，认真记录客户的需求和反馈，以便后续跟进。

反馈总结：在沟通结束后，向客户反馈总结，确保对方的需求得到充分理解。这不仅能增强客户的信任感，也能让他们感受到被重视。

◆优质服务的实用技巧：及时响应

快速响应客户的需求是提升服务质量的关键。销售人员应努力做到以下几点：

设立响应时限：针对客户的反馈和咨询，设立合理的响应时限，确保在规定时间内给出答复。例如，某家电子产品公司承诺在24小时内回复客户的售后咨询，赢得了用户的好评。

提供多渠道沟通：为客户提供多种沟通渠道，如电话、邮件、社交媒体等，方便客户在需要时随时联系。

◆优质服务的实用技巧：持续跟进

销售并不是一次性交易，持续跟进是维护客户关系的重要环节。销售人员可以通过以下方式保持与客户的联系：

定期回访：在客户购买产品后，定期进行回访，询问他们的使用体验，了解是否需要帮助。这种做法不仅能及时发现潜在问题，还能提升客户满意度。

发送感谢信：对新客户或忠实客户发送感谢信，表达对他们支持的感激之情。这种简单的举动能极大增强客户的忠诚度。

尊重客户

尊重客户，不仅仅是表面上的亲切笑容和礼貌用语，更是通过细致入微的服务让客户感受到他们的价值。这种尊重能够增强客户的信任，让他们更愿意选购你的产品。

◆做有温度的销售

记住客户的名字和喜好，特别是对于复购客户，销售人员可以通过记录客户的姓名、喜好、购物历史等信息，在适当时机予以运用。例如，记住顾客曾购买的商品类型，下次推荐时可以更加精准，显得贴心。

多询问客户的意见，在销售过程中，销售人员可以适时向客户征求反馈和建议，以显示对他们意见的尊重，这样不仅能改进服务，也能让客户感受到被重视。

◆少点套路多真诚

客户并不是为了看花哨的营销套路而来，他们需要的是实实在在的帮助与贴心的体验。因此，销售员在与客户沟通时，应该摒弃浮夸的语言，切实围绕客户的需求进行沟通。

探寻客户的真实需求，销售员应该多询问客户的使用场景和个人偏好，主动为他们找到适合的产品。例如，对于一位寻找护肤品的顾客，销售员可以了解其肤质、生活环境、个人喜好等，推荐适合的产品而非一味推销高价品。

提供真正的建议，不要将一切推销当作"业绩的积累"，而要将其视为客户的"好帮手"。客户最终选择了适合自己的产品，自然会对品牌产生信任，甚至成为品牌的忠实粉丝。

◆避免夸大宣传

在推出优惠活动时，销售人员要注意避免夸大优惠的实用性，以真实内容获取客户信赖。例如，活动期间提供"满减"或"买一送一"等真实、清晰的优惠，避免"先涨后降"的套路式促销，让客户真正享受优惠,从而增强品牌的信任度。

★注意事项:尊重客户的底线

1. 避免频繁骚扰

尊重客户的第一步是避免打扰客户的生活。例如,客户提供了电话号码或邮箱以便售后联系,不应将其用于频繁的营销活动,否则客户可能会产生反感甚至放弃该品牌。建立信任的基础在于了解客户的接受度,不因小利而损害长期关系。

2. 注重客户隐私

在信息时代,客户的隐私至关重要。销售人员应遵守隐私保护的原则,不向第三方泄露客户信息,赢得客户的信任。

在销售的世界里,"服务"不仅是一个关键词,更是一种价值观。让客户在每一次互动中都感受到被重视,这份尊重将会转化为客户的忠诚度和信任感,让客户不再只是顾客,而是品牌的支持者和推广者。尊重客户,将客户的需求放在首位,才能在销售中创造更多的奇迹。

最终,销售的真谛在于建立与客户的长期关系,让客户不仅愿意买单,更愿意为你的品牌代言。让我们在这个充满挑战和机遇的商业环境中,铭记"服务"才是销售的核心,共同创造更加美好的未来!